富田 直次郎

堪忍袋 第二集

読み分け理論の巻

22世紀アート

（四八）紅縮緬地水辺松竹梅に飛鶴文様染繍　掻取　一領【江戸時代後期】

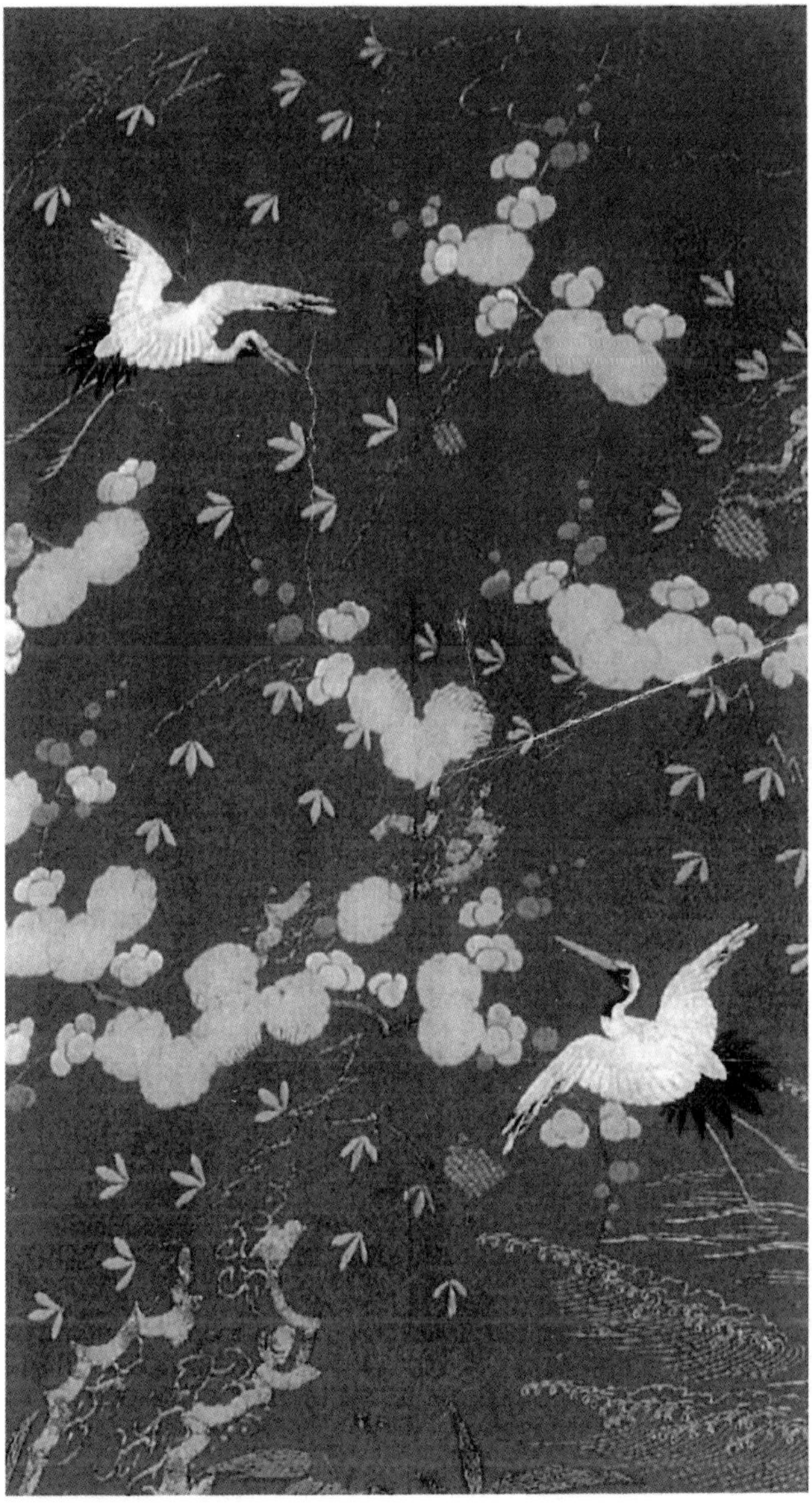

『冷泉家《れいぜいけ》の至宝展』の目録から、その一部分を拡大して複写した。

まえがき

教員を停年で退職する時、私はそれまで紀要等に書いてきた論文をワープロに打ち直し、学校の印刷機で印刷をした。それを出入りの印刷業者に依頼して装幀をしてもらった。百八頁、限定百部の手作りの書物であった。当時の学校の仲間に配布して、百部の書物は無くなった。その中の一冊を国立国会図書館に納入した。著作権が認められるからであった。

最近、それを読んだという「22世紀アートの渡辺さん」という人が現われて、「分かりやすくて、面白いので、電子書籍として、インターネットで流してもいいですか」とおっしゃる。

読者があることを想定していなかった私は、驚いて、「いいですよ」と承知した。ちょうどその頃、二回目の「心不全」を発症し、入院した。私の入院中も渡辺さんの準備は進んでいった。私の方は入院中だったので、校正が出来なかった。電子書籍だけではなくて、紙の本も渡辺さんにお願いすることにして、パソコンの資料を送ってもらい、今、こうして、紙の本の体裁を整えているところである。

なお、これは、『堪忍袋　人は何のために生きるのか』（文芸社）の姉妹編である。

平成三十年一月　七十七歳の誕生日にこれを記す。（文中敬称略）

目次

巻第一　私の国語教室

はじめに

国語の授業はいかにあるべきか。

昭和三八年に私は高等学校の国語科の教員になった。それから三十八年間の教員生活の間、私は、そのことを考えてきた。今振り返ると、試行錯誤の連続だったように思う。しかし、紆余曲折を経ながらも、その一歩一歩は、私なりに問題を解決して、今日までやってきた。その足取りの一端を、ここに書き留めておこうと思う。

第Ⅰ期　手探りの時代

昭和三八年は、国語科の歴史にあっては画期的な年であった。

従前、継子扱いをされてきた現代文が独立の科目として認知され、「現代国語」という名称が与えられ、その代わり、それまで漢文という独立の科目であったものが、古典という名称の下に、古文と合併させられた年でもあった。従来の国語科の中心の科目であった「国語甲」は総合国語で、その中に現代文が含まれてはいたものの、同じ教科書の中に、古文と漢文の教材が入っていたので、国語科教員は、多くの時間をそちらに割いて、現代文は、ただお茶を濁すだけという状態であった。それが急に「現代国語」として独立し、国語科の中心科目に据えられたのだから、多くの国語科教員にとっては戸惑いの時代であった。その中で、私もまた「国語の授業はいかにあるべきか」という問題を真剣に考えざるを得なかった。

「現代国語」の教材は、〈評論〉と〈文学作品〉とに分けて考えるのが普通である。高校時代の友人の中には文学青年が大勢いた。彼らは文学作品を実によく読んでいた。しかし、私は国語科の川村順昭《なおあき》先生に勧められるまま、新書を読むことが多かった。当時の新書は、岩波新書だけである。それが国語科の教員になってから、大いに役に立った。当時の現代国語の評論の教材は、殆んど岩波新書からの引用だったからである。人生、何が幸いするか分からない。文学作品には、変化はなかった。

教育課程が変わっても、大学の入学試験は、相変わらず総合国語であった。入試は、漢字が読めて、書けて、意味が分かれば、あとは問題を解く時に、設問に忠実に答えること、というのが原則である。入試問題は必ず答えが出る。その意味では入試問題は簡単である。

だから、現実には現代国語の入試の勉強は漢字書取を熱心に勉強しておけばよい。古典の場合も、似たようなもので、文法と単語の意味が分かれば、何とかなるものである。この場合の文法というのは、「動詞の活用」と「助詞・助動詞の接続関係」の様子を確実に理解するという意味である。文法学上の本来の意味、「文の法則」までは分からなくてもよい。単語の意味の方は、単に単語の意味だけでなく、助動詞の意味・敬語の意味も含めて考える。世間には、これも文法の中に含める人があるが、これは、単語の意味の分野である。この程度の勉強でも、生徒の国語の実力を二〇%アップさせることは、むずかしいことではない。

二〇%アップというのは、どういうことか。仮に普段の模擬テストで四〇点を取っている生徒なら、四〇×一・二で四八点。いや、こんなものではないと思う。四〇%くらいのアップ率が一般的であろうか。そうすると、五六点の得点が可能。実は、この程度で、合格可能性は、非常に高くなるので、自信が付く。その自信が重要で、志望校に合格するのは夢ではない。生徒の志望校は、大抵は、ちょっと手を伸ばせば、届くくらいのところにあるからである。

しかし、受験指導ばかりしていて、それが国語の授業と言えるのか。私どもは、大学の下請けをしているのではない。高校には高校の勉強があり、文部省の管轄下で公の教育をして給料をもらっているからには、高校の課程をきちんと教えるのが筋道である。私は絶えずそう考えてきた。

そういう時、私にとって救いだったのは、発表の授業であった。年度始めに生徒をグループに分け、教材の出ている作家、詩人、歌人、俳人の業績等を事前に調べさせ、それをガリ版刷りの資料にまとめ、発表をさせるのである。生徒たちはグループで集まって、図書館を利用して調べ上げ、ガリ版を切る人、印刷をする人、発表をする人という具合に、自分たちの役割を分担して、教壇に立つ。説明係の説明が終わると、質問を受け、それが終わって初めて、肝心の教材の内容に入る。

このやり方は、高校時代の国語科の鈴木嘉弘先生の真似であった。真似ではあっても、生徒たちが熱心に発表をするかぎりは、生き生きとした面白い国語の授業になる。私は事前準備の段階から出来るかぎり、生徒たちの議論の場に立ち会って、相談に乗っていたので、生徒が、自分の役割をサボることはなかった。

保育科の生徒の授業を受け持った時は、受験のことより、職場に入ってから役立つことの方を重視して、童話の実習に多くの時間を費やした。これは個人の発表である。生徒たちは乗りに乗って、喜んで面白い話を聞かせてくれた。創作童話に挑戦する生徒まで現われて、生徒はその場を与えれば、何でもやるものだ、と感心をした。

戦後の国語教育の基本は、言語生活の指導であった。だから、「話すこと・聞くこと」の指導は最も重要な分野であった。但し、発表の評価をどうするかが難問で、結局、私は生徒たちの了解のもと、通信簿の評価は、「発表」を加味しないで、すべてペーパーテストの点数に基づいて評価すると割り切ることにした。だからといって、生徒たちが発表の手を抜くことはなかった。友人が面白がって聞いてくれるのが嬉しくて、そういう仲間の反応のよしあしだけで十分であったようである。

第Ⅱ期　壁にぶつかる

読めて書けて意味が分かればよい。文法と単語の意味が分かればよい。聞かれたことに答えればよい、という単純な受験指導は、やがて壁にぶつかるときがやってきた。

萩原朔太郎の「竹」を読んだときのことである。

「竹」は言葉が易しいので、特に単語の読み・書き・意味について分からないところはない。しかし、詩全体となると、何度読んでも何を言っているのか、分からない。私は焦った。教員が作品を読めない時は、授業の展開どころではないからだ。

「竹」が読めるようになったのは、その次の年であった。

「竹」は、言葉の表面の意味だけで理解するものではなく、比喩表現を読むものだった。およそ青年というものは、表面はあくまでも強く、そのくせ、内面はいつも弱々しく震えていて、哀しく切ない心を持っている。そういう青年期の心の微妙な動きを「竹」という言葉、すなわち、「言葉の乗り物」に乗せて表現したものであった。それが分かった時、私は感動した。文学史上、これを象徴詩と呼ぶ。分かってみれば、当たり前のことであった。

それが分かって、ほかの作品を見ると、似たようなものがいくらでもあった。例えば、夏目漱石の小説『心』は、人の心という、目に見たり手に触ったりすることが出来ないものを取り上げ、言葉を用いて、まるで「心」が目の前に見えるように表現していた。これは、広い意味の比喩表現である。あるいは寓話といってもよい。

要するに、文学作品は広い意味の寓話であるらしいと分かった時、私は今までの自分の授業がどんなに上滑りなものであったかを反省した。

＊

その、同じ年のことであった。女子生徒が二人、「天声人語」を一〇〇字以内に要約して持ってきて、これを添削してくれと言う。その日からの私の日課は、朝のうちにノートを受け取り、放課後までにそれを添削して返すということになった。その後まもなく、一人の生徒のノートは、私がわざわざ手を入れるところはなくなった。ところが、もう一人のノートは、ほとんど毎日、まっ赤にペンを入れなければならなかった。この違いは一体、どこから来るのか。この二人をいま仮に、前者をA子、後者をB子と名付けることにする。ある日のこと、私はその二人に、聞いた。

「この要約に、どのくらい時間を掛けているの?」と。

A子は、「私は頭が悪いので、どうしても一時間は掛かってしまいます」と答えた。

B子は、「二〇分もあれば出来ます」といかにも簡単であるかのように答えた。

所要時間が出来不出来に反映されていたのである。因みに、A子は、かつての私の教え子の中では、多分、最も優秀な生徒だったのではないかと思う。

今にして思えば、「天声人語」はそれ自体、すでに要約であった。ある事件、またはある書物を取り上げ、それを要約して紹介し、自分の感想を述べる。それが「天声人語」の表現の方法であった。ということは、要約を要約していたことになる。むずかしかったわけである。今思えば、受験生の勉強としては、主旨の書いてある部分を要領よく見つけ出すという勉強の方が効果的だったのではないかと思われる。

ところで、その同じクラスに、授業中、私の話を全く聞かない男子の生徒がいた。内職に専念していたのである。これをC男と名付けることにする。彼は学校内の多くの先生方から、開校以来最も優秀な生徒だと評価されていた。模擬テストの成績はいつも一番で、数学一〇〇点、英語は一〇〇点に限りなく近い点数であった。彼がもし学校の成績の低い生徒だったなら、恐らく私は「こら、俺の話を聞け」と叱りつけていたに違いない。ところが、新米教師は悲しかった。私の話がつまらないから聞いてくれないのではないかと反省し、担任の先生に相談したのである。

担任の曰く、「彼は、どの授業もみなそうだから、気にするな。他の生徒への影響を考えて、実はあの席に置いたんだ」と言った。あの席とは、南の窓際、最後尾の席である。その話を聞いたとき、私は、ファイトが湧いた。あの受験の虫を何とかしてこちらに向けさせてやろうじゃないかと。それからの私は、彼一人のために話し続けたようなものである。

私は、二学期の初めに口語の敬語の問題演習をやった。中間試験は記述式の問題に五〇点を配点した。なぜなら、記述式問題を彼がいつも捨てていたからである。五〇点なら捨てられないだろうというのが私の作戦であった。彼は珍しく記述問題に解答した。しかしそれには〇点しか付けられなかった。若かった私は、ざまあみろ、と思った。静岡県の生徒は、口語の敬語の問題は難問である。なぜなら、周囲の大人が日常生活の中で、滅多に正しい敬語を使わないからである。

その荒療治に効果があったのかどうか、分からない。しかし、その頃からC男が授業中に顔を上げて私の話を聞くようになった。やったと思った。私は心密かに快哉を叫んだ。それからのC男の国語の成績は、上昇著しかった。彼が現役で志望校に合格したことは言うまでもない。その後、夏休みで実家に帰っていたのであろうか、町で会った彼は、大学では運動部に入って活動していると言って、まっ黒な顔をしていた。

それはともかく、私はこうして、受験勉強の極意をC男から伝授されたと思っている。

私は今でも時折、気が向くと、青春のころのほろ苦い思い出として、この話を生徒たちに話すことがある。そのまま話すと、生徒たちは、私や他の先生方の授業を無視して、内職に専念しかねないので、もちろん、色をつけて話すのである。

「高校生の持ち時間は三年間しかない。この少ない時間の中で、英語や数学以外の勉強に時間を費やすことは確かにむずかしい。だからこそ、学校の授業を大切にしなければいけない。まして定期テストの前は、普段の勉強で手の回りにくい科目を頑張ってごらん。手が回らないのは、誰だって同じだから、きっと効果があるよ。」

そう言って、保健や家庭科、芸術科など、単位数の少ない科目が評定平均値を上げるのに、どれほど有利かを合わせて説明する。この私の話に効果があるのかどうか、時折、見違えるほど、成績がアップする生徒がいた。

第Ⅲ期　文の構造の研究

フランス哲学の森有正に「バビロンの流れのほとりにて」という文章がある。それを教材にしたときのことを今でも思い出す。森有正の文章は、雑誌『展望』で読み慣れていたので、文章が理解出来なかったということはない。それなのに、いざ教室で説明しようとしたら、説明のしようがなかったのである。説明が出来ないと、授業の展開が決まらない。他の先生方に助けを求めたが、皆さん、同意見であった。文の構造がくねくねとして、どこがどうからんでいるのか、まるでからんだ毛糸がほどけなくなってしまったような感じであった。ややこしさは、源氏物語の比ではなかった。

ちょうどその頃、私は六か月の内地留学を命ぜられた。七〇年安保の最中で、全国の大学は、悉く封鎖されていた。大学紛争の時代である。幸い、私の母校は開講していた。大学の図書館の書庫に潜り込んで、関係の参考文献を読み漁った。しかし、参考文献はあくまで参考文献であった。ただ、このような研究三昧の中で、やっと自分なりに日本語の文の構造が見えてきた。「天声人語」の要約の勉強がここで大いに投立ったのである。私の一〇〇字の要約は、一切の無駄を省く作業であった。省いて省いて、文の骨組みだけを残す。その骨組みの種類を整理して、複雑な文章に当てはめ、文章の単純化に役立てたのである。

しかし、骨組みの種類は、文章の作者によって偏りがある。「天声人語」だけで、間に合うほど、世の中は甘くはない。森有正の文体は、フランスの学問を学んだ文章家のパターンであった。その研究の一部は、静岡県立大学で行われた国語学会で研究発表をした。しかし、まだまとまった論文を発表していない。

それでも、生徒の読解の指導には十分に役に立つ。私はその研究の成果を徹底的に生徒に教えたのである。生徒たちの読解力は面白いように付いていった。

ところが、卒業して家に遊びにきた彼等が口を揃えて言った。

「だけど、先生の授業はつまらなくなった。先生、授業はもっと面白くなくっちゃ、だめだよ」

生徒は、いつも正直である。思ったことを遠慮会釈なく言う。

昔の遊びのような国語の授業と、文の構造を徹底的に教え込むことを、どこで、どう折り合いをつけたらよいのか。これが、次の課題となった。

第Ⅳ期　スピーチの授業形態を工夫する

そういう時、私は発表の授業形態に救いを求める。教室に潤いが生まれるからである。生徒を教壇に立たせて、短歌・俳句や論語の章句などを説明させて、状況が浮かび上がるような読み方に、こちらが質問をぶつけていく。教壇の生徒は、しどろもどろになって、立ち往生。それをじっと待ちながら、次の質問を考える。私の質問は、ほかの生徒からも質問が出てくるようにしむける呼び水である。うまく乗ってくれれば面白い教室になる。

戯曲の授業のとき、グループを作って、寸劇を課したことがあった。授業なのだから、扮装まではさせない。生徒は面白がって、一生懸命に演じた。恐らく友人の家に集まって何日も練習をしてきたのであろうと思われた。それはよかったのだが、その年の受験の結果は惨憺たるものであった。以来、私はグループの発表はやめた。多くの生徒が寸劇の練習のために時間を制約されて、個人の受験勉強の時間が奪われてしまったのではないかと考えたからである。受験生の時間は、国語の勉強のためだけあるのではない。他の教科とのバランスの上に成り立つ。そのことに気を使わなければいけなかったのだ。これは私にとって、苦い思い出の一つである。

ついでに、これは国語の授業の話ではないが、蛇足を一つ。生徒が麻雀を始めると、ほとんど、これと同じような現象が起こる、ということを申し添えておく。

そのことがあってから、私の発表の授業は個人単位に限定することにした。

その頃、私は、帰りのショートＨＲで、生徒たちに三分間スピーチを課していた。テーマは何でもよい。出来るだけ自分の得意な分野で、みんなに喜んでもらえる話がよいという条件しか付けなかった。スピーチはやがて五分になり、一〇分になり、時には一時間になって、ショートＨＲではなく、ロングＨＲではないかという批判まで聞くようになった。

当番は二人が担当し、一人がスピーチをし、もう一人が当番日誌を書くこととした。この当番日誌には記録に関する欄がほとんどなくて、大半が罫紙になっていた。だから、生徒は日誌を家に持って帰って、前の人の文章を読み、そうして、それよりも一ページでも多く書こうとして、記述はだんだん長くなった。「夕べは一晩中、当番日誌を書いていました」という生徒まで現れた。当番は、交互にスピーチか日誌かを分担する。

このスピーチが国語の授業に取り入れられないかと考えたのである。

国語の授業ということになると、ＨＲの場合と違い、もう少し条件が必要となる。この条件を生徒に理解してもらって、約束を取り交わすのである。

① 自慢話をしないこと

自慢話は、話している本人にとっては実に気持ちのよいものである。しかし、聞いている人にも面白いかどうか。ところが、失敗談は、話す本人にしてみたら、あまり面白くはないけれど、あいつは馬鹿だなあと喜んで聞いてもらうことが出来る。ただし、実際には彼にもそういう一面があったのかと思ってくれるようだから、自分のことを理解してもらう、よい機会だから、思い切って話してごらん、と説明する。この話は、生徒にはよく分かるようである。

② 教室内での話はすべてマル秘として扱うこと

話の内容は、それが事実かどうか、詮索しない。万一、その話が外部に漏れて、不都合が生ずることがあると、お互いに不幸だから、話はすべてフィクションとして聞くこと。従って、話の内容は、お互いに責任を取らない。これは一種の「集団カウンセリング」である。

③ 制限時間は一時間以内とすること

昔、制限時間を設けないでやったことがある。そうしたら、際限なく、だらだらとおしゃべりをした生徒がいた。以来、制限時間を設け、一時間以内と限定した。

制限時間の下限は、無理を言ってはいけない。なぜなら、人前では話が出来ないという病気があるらしく、もしも万一、発症した場合は、面倒なことになるからである。発症した場合は、専門医とよく相談するように、お願いしたい。

④ 発表内容は、後日、必ず文章としてまとめること

本人が書いた文字のまま、全員の分を印刷する。私は優秀なものだけを選び出して紹介するのは、好まない。ただ、文章として発表すると、どこで誰が読むか分からないので、不都合がないように表現には気を付けさせる。従って、発表内容と異なったことを書いてもかまわない。

他人の発表を本人に無断で公表してはならない。盗作禁止である。

なお、生徒の原稿を印刷するとき、一つ問題があった。それは原稿が薄くて、印刷機が反応しない場合があったことだ。初めは色の濃い鉛筆を使えと指示していたが、それでも結果は同じであった。そのうちに分かってきたことは、かなり大勢の生徒が左手を使わず、従って、紙を押さえないで書いていて、筆圧がかかっていなかったのである。筆圧のことは、クレペリン検査を実施した時にも指摘された。こういう生徒は、詰めが甘いのだそうである。「注意した方がいいですよ」というのが精神科学研究所の所員の忠告であった。

このような生徒には、日頃からこまめに声を掛けるのがよい。上げたり下げたり押したり引いたりするのである。この緩急自在の指導が効果を発揮する。昔、全国へ散らばったＨＲの生徒全

員の「受験の宿」に、何の前触れもなく電話を掛けていた同僚S氏がいた。私は、なるほどと感心しながらも、全員というのはいかにも気障《きざ》に思われて、少し心配な生徒だけに電話を掛けた。電話を掛けた生徒は全員が合格し、電話を掛けなかった生徒の合格率は五〇%であった。平均で七五%の合格率であった。S氏のHRは百%の合格率だった。私はこれを受験指導の秘訣であると思っている。このとき、受験生は弱く不憫なる心を持っているものだと納得した。

⑤　最初の時間に発表の順番をくじ引する

生徒は、くじ引の順番に従って次回から発表する。

くじ引をして残った後の時間は、私のスピーチの時間とする。お手本になるかどうかは分からない。しかし、他愛ない私の話が、あの程度でもいいなら私にもできると生徒が思ってくれればいいと思い、続けている。その私自身の話の具体例は、現在、教育相談委員会通信『堪忍袋』に連載している。昔のものを今読み返してみると、舌たらずのものが多くて恥ずかしい。そこで、生徒の小論文指導で覚えたノウハウを生かして、自分の文章でありながら、あたかも他人の文章を添削する気持ちで、手を入れている。少しは読みやすくなっただろうか。

古来、「汝自身を知れ」というのが学問の基本だと言われている。

生徒のスピーチを聞いていると、この昔の人の言葉の重みをしみじみと実感する。自分自身を知ることなくして、学問の出発はない。やはり、これを始めてよかったと思う。
「スピーチの授業は、これからもぜひ続けてください」と、今まで教えた大勢の生徒たちから応援されてきた。それを励みとして、これからも、機会を見つけて続けていきたい。

おわりに

これは、私自身の反省の記録である。だから、世間の人々に向かって、どうせよ、こうせよ、というつもりはない。この反省を通して、自分がいかに大勢の人たちのお世話になって、ここまでやってきたかが実によく分かった。心から感謝している。

（おしまい）

【初出誌】
『研究報告　第一八号』　静岡県立浜松南高等学校　一九九五年三月（平成七年三月）

巻第二　鶴脛とは何か

一、鶴脛とは何か

私は今、ここで「鶴脛とは何か」という単語について考察するに当たり、最初は、極めて個人的な、私自身の高校時代の話から始めたいと思う。

私は、高校三年生の国語の授業の中で、松尾芭蕉の『奥の細道』を教わった。授業は、順々に進んで象潟のところに入った。

象潟や雨に西施が合歓の花

という句があって、その次に、

汐越や鶴脛ぬれて海涼し

という句の解説が始まった。担当の先生は、

「汐越は、(浅瀬に一羽の鶴が降り立って餌をあさっている。)(その)鶴の脛が海水にぬれて、(いかにも)涼しそうである」と言われた。いわゆる通説である。

しかし、私にはこの説明がどうしても分からなかった。私はその日、予習をして授業に臨んだわけではなかった。そこで、おそるおそる質問をした。

「先生、鶴は冬の渡り鳥だと思うんですが、この句は、『涼し』と言ってますよね。だけど、『涼し』という言葉は、冬にはあんまり使わないんじゃないですか。もしも夏か秋の句だとすると、この鶴は、本当に鶴なんですか」

「ちょっと待ってくれ。この句の季語は確かに『涼し』だ。だから、夏の句に間違いない。次の時間までに調べてくる」

私にとっては、単なる素朴な疑問であった。

次の授業の時、先生は、「これには異説がある」と前置きして、その説を紹介してくれた。それによると、「着物の裾を後ろにまくりあげて、それを帯のところで挟む、俗に『尻っぱしょり』というスタイルが鶴の立っている姿に似ているところから、これを比喩的に用いて『鶴脛』というのだそうだ。その説によれば『汐越は、（浅瀬に一人の老人が降り立って、その）鶴のような脛が海水にぬれて、（いかにも）涼しそうである』ということになる」と言われた。さらに続けて、

「私には、そこまでしか分からない。後は自分で調べてくれ」

当時の私はすでに進路志望を国文科と決めていた。担任でもあったその先生、河合九平先生は、私の志望を知った上で、そう言われたのだろうと思う。そんなわけで、私の質問はそのまま私に

対する課題となって返ってきた。

大学に進学した私は、俳諧を専攻したわけではない。気にはなりながらも、月日は、いたずらに過ぎていった。

その後、私は国語科の教員になった。授業の予習などで、岩波文庫の『奥の細道』の付録「曾良随行日記」（最近の版では、『曾良旅日記』となっている）によって、松尾芭蕉が象潟を訪ねたのは、陰暦六月十六日（それを太陽暦に直すと八月一日）であり、象潟に舟を浮かべたのは、次の十七日であったことを知った。

さらに現地には、「腰長《こしたけ》の汐といふ処はいと浅くて鶴おり立ちてあさるを」という自筆の詞書が残されていることも知った。

通説では、この芭蕉自筆の詞書が根拠となって、「鶴脛は鶴の脛そのもの」だということで、決着している。

しかし、通説が私の疑問「鶴は冬の渡り鳥なのだから、夏の海にはいないはずだ」という問題を解決してくれたわけではない。

二、山田孝雄著『俳諧語談』

そんなある日のこと、私は、山田孝雄《やまだよしお》著『俳諧語談』という書物の中で「鶴脛」という項目があるのを発見した。へえ、こんなものが論文の種になるんだと思いながら、その論文をひもといた。実はこれこそが、例の「鶴脛」の異説だったのである。

山田博士は、通説を踏まえた上で、

「…眞蹟といふものは私は見てゐないから、漫りに之を疑ふのはよく無いかも知れないが、果たして實地の鶴の下り立ってゐるのを見ての詠であらうか、鶴脛といふ語は平安朝から盛んに用ゐられた語で、いはば譬喩から生じた一種の語である。それを實際の鶴の長い脛をいふのに用ゐてはならぬといふことは無いが、さやうに譬喩に用ゐ來って慣用久しい語を實景に用ゐて果たして効果を収め得るものであらうか。」

と疑問を提出し、俳諧での実例、

「歩《かち》わたりする鴨河のすそ
つるはきやもも迄まくるかり袴　　重頼」

を提示し、その本歌を種明しする形で、「…金葉集巻十の連歌の

宇治へまかりけるみちにて日頃雨のふりければ水の出でて賀茂川を男のはかまをぬぎて手にささげてわたるをみて

かも川をつる脛にても渡るかな　頼綱朝臣
かりはかまをばをしとおもひて　行綱

とあるのに基づいたものである。」と解き、「…川を徒渡りする人の衣を高く掲げて脛を長くあらはしてゐる有様をいふに用ゐたことは明らかである」と主張する。

更に、『宇都保物語』吹上の下の巻の「つるはぎ」、樓の上の下の「つるはぎ」、蔵開の中巻の「はだかつるはぎ」、國譲の下の巻の「つるはぎはだか」等の用例を紹介し、「これは恐らくは『はだかつるはぎ』若くは『つるはぎはだか』といふことが源であったであらう。」と言われる。

結論は、「…芭蕉がこの意の鶴脛といふ語を知らなかったとは考へられず、又それを知りつつその古来の用例を排斥して鶴の脛の實際をいふのに用ゐたとは考へられぬ。…どうもその芭蕉の眞跡といふものは怪しむべきものと思はるる。この句の意は自ら汐越の水淺き處を徒渉りして海水

の冷しさを體験したのか、若くは他の人が鶴脛の姿で海水の湧き處を徒渉りしてゐるのを見て冷しさうに思はるるをいうたかの二者のうちを出ないであらう。…」と言われる。

山田博士の時代は、索引を用いての資料の検索が行われていたわけではなかったけれど、古来の用例の検証においては、博覧強記の博士の言われた通りであろうと思われる。

しかしながら、博士の理論には、二つの弱点がある。

一つは、最初に引用した「眞蹟といふものは私は見てゐない」ということである。これは、ただ単に見ていないという事実をいっているのではなく、真蹟の存在を頭から否定しているのである。

もう一つは、結論の（…）の部分にあったのだが、芭蕉が古来の用例を知った上で、逆に「あれこそ本との『つるはぎ』といふものだと洒落た」と仮定し、「そんな駄洒落は蕉風の俳諧に於いて是認することの出来ないものであらう。」と言って、苟も俳聖芭蕉ともあろうものが、この程度の駄洒落をいうわけがないではないかと決めて掛かっていることである。この理屈は、贔屓の引き倒しというものではなかろうか。

なお、ここにも「冬の渡り鳥である鶴が、夏の海にいるのはおかしい」という私の疑問に対する解答はない。

三、平凡社『世界大百科事典』

要するに、国文学者も国語学者も私の疑問に答えてはくれない。それなら、自分で調べるしかないのである。

最初は、鶴の生態を調べることから始めなければならない。もしも、江戸時代の鶴が、北海道の釧路原野の丹頂鶴のように、年中、日本にいる、いわゆる留鳥だったとすれば、私の疑問は氷解する。確かに昔の日本には、鶴がたくさんいたという。

まず、理科の初歩的な知識が必要であった。

そういう時は、百科事典を引くのが手っ取り早い。しかし、百科事典で手掛かりをつかんだら、次は専門書を見つけて、それを参考文献にしたような振りをするのが世間の学者の方法である。ところが、いつも専門書があるとは限らない。そういう時は百科事典の分冊版と言われる「新書」を探すのが賢明である。しかし、それも見つからない。そういうわけで、やむを得ず、私は、平凡社の『世界大百科事典』を参考文献とするしかなかった。鶴の生態と文化史的な扱いにおいては、実に分かりやすかったからである。鶴とコウノトリとサギ、特にアオサギは、姿や形、大きさ、色などが非常に紛らわしく、古来、混同されることが多かったようなので、ここでは、その微妙な異同を抜き書きすることにする。

■「つる〔鶴〕」の項

「外観上はサギ類に似ているのでしばしば誤られる。」

「飛行は強く速く、くびと脚とを常に全く伸ばす。」

「鳴声は地上で頭を後に引き、くちばしを開いて出す喉音《こう》、あるいは共鳴的らっぱ音（いわゆる〈鶴の一声〉）で、数百m以上に響き渡る。あるいはまたひじょうな高音で絶えまなく反復する。」

（黒田長礼氏執筆）

■「つる〔鶴〕【伝承】」の項

「古来〈松上の鶴〉〈鶴の巣ごもり〉などと称するのは、鶴ではなくてコウノトリで、これは明治以前は江戸の市中でも営巣した。〈焼野の雉《きぎす》夜の鶴〉も真相はツルではなくてコウノトリであったと思われる。」

（高島春雄氏執筆）

■「こうのとり」の項

「ツルに似た大形の鸛鷺目《かんろ》の鳥。」

「江戸時代まで各地に生息していたが、明治以降急激に減少し、一九七一年には兵庫県豊岡市付近に一羽（特別天然記念物）を残すだけ…」

「マツなど高木の樹頂に営巣するが、〈松上の鶴〉はこれを誤称したもの。」

「声を出すことはまれで、上下のくちばしをたたき合わせて音をたて合図に用いる。」

（今泉吉典氏執筆）

■「あおさぎ」の項

「大型の鳥で、一見ツルに似るが…」

「体は白く後頭に黒色の長い冠羽があり、背は灰青色《かいせいしょく》、首の下部の毛は長くふさ状にたれさがり前面に暗色縦線がある。」

（今泉吉典氏執筆）


私は上野動物園に行って、鶴の小屋の前で一日中、観察をした。鶴はくちばしを空にむけて、大きな声で［turu］と鳴く。なお、この場合、現代語の発音で［tsuru］と鳴いたのではない。古語の発音の［tu］と鳴いたのである。この鳴き声が、鶴の語源になったのだという説があるが、それが宜《むべ》なるかなと思われた。

もう一つの発見は、色であった。それまでの私は、鶴は白色だとばかり思っていた。しかし、目の前の鶴は、お世辞にも白色とは言えない。気持ち青味がかった灰色であった。実物を見に来てよかったと思った。

アオサギは見たことがなかったので、その後のことであるが、磐田南高校の北川捷康先生に電話で教えを乞うたところ、

「今なら、まだ天竜川に架かる東名高速の北側に行けば、いますよ。五月くらいまでは、磐田市大原って分かりますか。そこの大池《おおいけ》に行けば、見られます」

と教えてくれた。春休みのころではなかったかと思う。ただし、折角教わりながら、見には行けなかった。そうしたら、何と、通勤の途中、浜松南高校の南側の水路で、それを見たのである。一目で、あれはアオサギだと分かった。その瞬間、アオサギは、ゆうゆうと飛び立っていた。これなら、鶴と間違えても無理はないと思った。

学校に着いた時、すぐ生物の石川晃先生に確認した。先生は、「アオサギに間違いないでしょうね」と即座に言われた。その答え方があまりにも自然だったので、「先生は、ご専門は何ですか」と聞いてみたら、「鳥屋です」と一言。

「鶴とよく似ているんで、びっくりしたんですが、鶴とアオサギとは、どこが違うんですか」

「飛び方ですね。鶴は飛ぶ時、首を伸ばして飛ぶんです。ところが、アオサギは、首を、こうして曲げて飛ぶんです」と言って、片腕を、乙の字状に曲げて見せてくれた。

「そうそう。確かにそうやって、曲げて飛んでました」

四、「漂泊の詩人　芭蕉展　——遺墨でたどる詩と人生」

昭和五十六年十月中旬のこと、次のチャンスが巡って来た。東京の上野松坂屋において「漂泊の詩人　芭蕉展　―遺墨でたどる詩と人生―」という芭蕉の展覧会が開かれたのである。昔、書誌学の飯島春敬先生に「本物を見ることだ。複製をいくら見ても力はつかない」と教わったことがある。千載一遇のチャンスである。

会場には、芭蕉の真蹟を中心にして、芭蕉関係の資料がずらりと並んでいた。私はわくわくして、順々に見ていった。筆使いが実に見事で、一本、筋が通っていると言ったらいいだろうか。やはり、本物を見るに如《し》くはない。

その中に、「象潟」の懐紙があった。私は、それに釘付けになった。これはもう、どんな素人にも本物にしか見えないだろうと思われた。

ここに、【象潟懐紙第二号】俳文学会（日本経済新聞社主催）の複写資料を転写する。

次に、その翻字を示す。

象潟
きさがたの雨や西施が
　ねぶの花
夕方雨やみて處の
何かし舟にて江の中
を
　案内せらるゝ
ゆふ晴や桜に涼む
　波の華
腰長の汐といふ處は
いと浅くて鶴おり立
て
あさるを
腰長や鶴脛ぬれて海涼し
　武陵芭蕉翁桃青

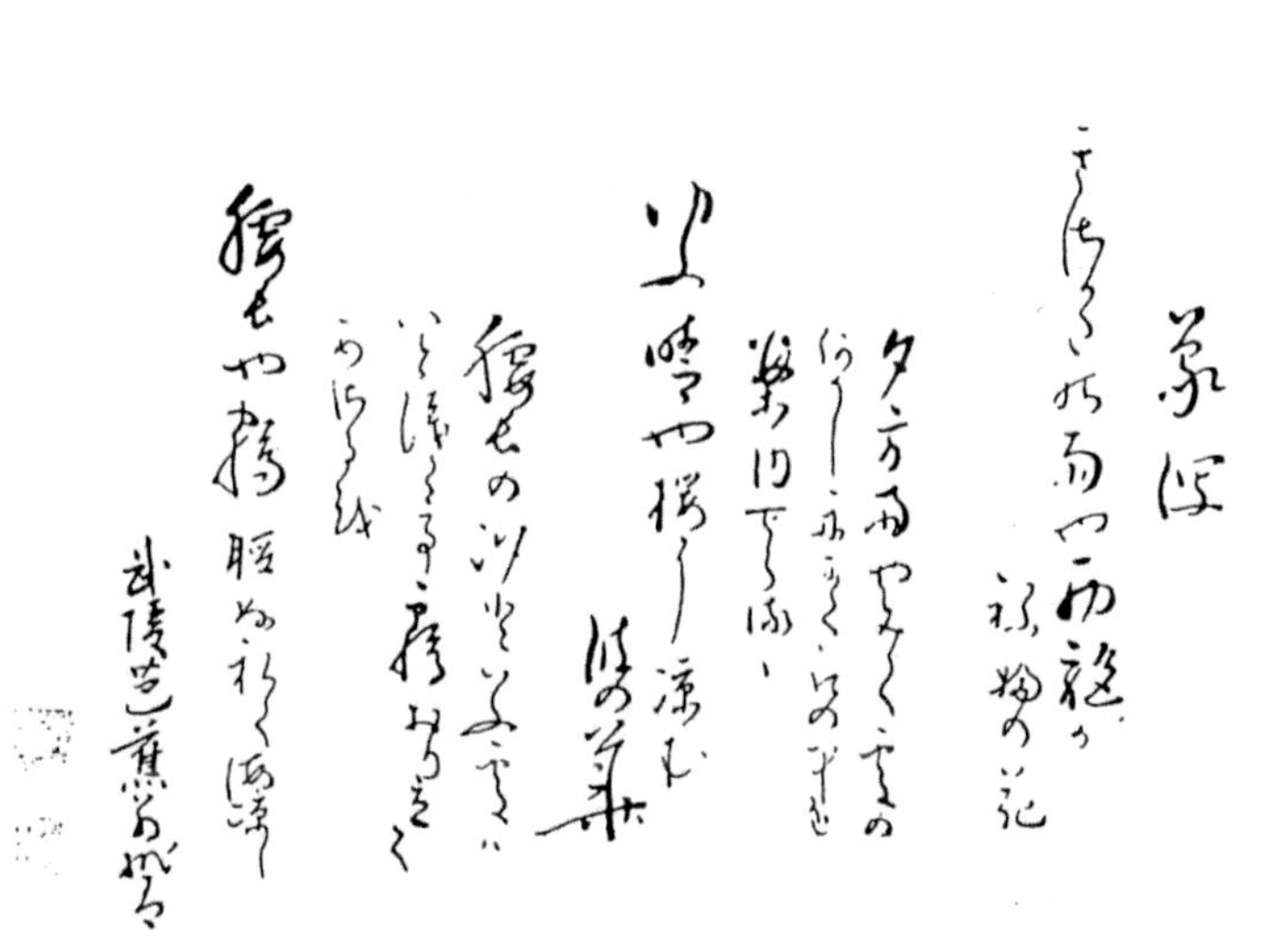

84　「きさがたの」他三句懐紙

解説　【『目録』の解説を、そのまま引き写す】

六月十六日に雨中の象潟の景を賞した芭蕉は、翌十七日は午後から晴天となったので、夕刻、象潟に舟を浮かべ、土地の今野加兵衛の案内で遊んだ。この懐紙は、そのおりの即吟を染筆したもので、十七日に参拝した干満珠寺に奉納したものかともいわれる。なお、『おくのほそ道』には、このうちの二句だけを、それぞれ句形を「象潟や雨に西施がねぶの花」「汐腰や鶴脛ぬれて海涼し」と改めて収載している。

ところで、柿衛文庫の岡田利兵衛《りへえ》氏が『芭蕉の書と画』の中で、この真蹟発見のときのことを記しているので、それも引用する。

…私は二十年来幾度も山形県・秋田県に足を運んで、まったく同じものを三点見ている。しかしいずれも精写であって、ほんものとはいえない。最後に見た一点は、ほんものと見誤るほどよく似た写しである。…

しかし、ほんものは必ずどこかにあるはずである。…

ところが昨四十九年一月、本間美術館から「秋田県下で象潟懐紙が発見されたので鑑定してほしい」と電話があった。…

開披一見その素晴らしい重蹟であるのに頭が下がった。正真正銘見事なものである。これぞ二十余年探し求めた象潟懐紙第二号［挿図参照・現在、亀田城佐藤八十八美術館蔵］そのものである。…正しく長命の一徳と快哉を叫んだ。

…芭蕉筆書の最高峰である優麗書風の代表作品である。芭蕉筆蹟鑑別の基準となるもので、この書風をマスターしておけば、にせものに迷わされることは断じてあり得ない。


と記していられる。これでは、山田博士が、仮に真蹟を見たいと思ったとしても、現実には写しか見られなかったはずである。

五、古典の作品に見られる「鶴」の代表的実例

そういうわけで、芭蕉の「汐越や鶴脛ぬれて海涼し」の中の「鶴脛」は、比喩としての古来の用法、「尻っぱしょり」のスタイルを指すものではなかった。芭蕉自身の証言によって、「鶴の脛」を指すことは間違いない。しかし、だからと言って、その場合の「鶴」が、本物の鳥類学上の「鶴」と決まったわけではない。一体、何だったのだろうか。

この辺で、いよいよ文献上の「鶴」または「たづ」という鳥について、紹介をしなければならない。ところが、これを調査することは労多くして益少なし。かつて、何度か索引で調べて、一つ一つ本文に当たっては確認を取るという作業をやったことがあった。ところが、本物の鶴かどうかを判定することは、困難を極める。大多数の用例は、ただ観念上の「鶴」であって、実景ではなかったからである。張り合いのないこと、この上ない。挑戦しては挫折し、挫折しては挑戦するという連続であった。今回、これを書くに当たり、その頃の資料を捜してみたが、見つからなかった。そこで、やむを得ず記憶に残っている顕著な例だけを記すことにする。

(一)　本物の鶴だと思われる例

鶴は、いとこちたきさまなれど、鳴くこゑ雲居《くもゐ》まで聞こゆる、いとめでたし。

(枕草子「鳥は」　岩波大系　第四一段)

鶴の特徴は、鳴き方やその声にある。

(二)　恐らく本物の鶴であろうと思われる例

若の浦に潮満ち来れば潟《かた》をなみ葦辺《あしべ》をさして鶴《たづ》鳴き渡る

(万葉集巻六・九一九)

この歌は長歌に付けられた反歌である。長歌の詞書には、「神亀元年甲子《きのえね》の冬十月五日、紀伊国に幸《みゆき》す時に…」とあり、小学館の日本古典文学全集の注釈によると、「この行幸は太陽暦十月三十日に出発…」とある。鶴が渡来していてもおかしくない季節である。なお、注意すべきは、この場合、「葦」の葉の色である。

平成九年度の浜松の場合は、葦の葉が枯れ始めたのは、十一月の中旬であった。この時の紀伊の国も同じであったなら、葦の葉の色は緑色だったのであろう。実はこれが要注意である。「葦鶴《あしたづ》」の葦は、年中すべてが緑色とは限らない。多くの読者は、緑の葦と白い鶴の対照的表現が美しいという。しかし、鶴は冬の渡り鳥なのだから、枯れ葦の上を灰色の鶴が飛んでいると考えるのが自然なのである。ただ、そういうと、「それではイメージのぶち壊しだ」と嫌な顔をされることが多い。困ったものだ。

（三）　夏の鶴。鶴に似てはいるが、鶴ではないと思われる例

朝開き漕ぎ出《いで》て来れば武庫の浦の潮干の潟に鶴が声すも

（巻十五・三五九五）

土屋文明は、『萬葉集私注』の中で「朝の満潮に難波を發船すれば、晝前後の干潮時に、武庫あたりに達するのであらう。但しタヅは何を指すのであらう。夏六月の出發と見えるから、陽暦の

七月下旬から八月上旬頃と思はれるので、鶴の鳴く時季か否か疑はしい。……此の歌も、「衣手寒し」の如き、誇張が用ゐられて居るのではあるまいか。若しさうとすれば、やうやく事實を離れて、虚辭をつらねることを知り始めて居る、作風の一例として注意してよいだらう。」と言われ、この「鶴」を虚辞だと指摘する。夏の鶴という点では、芭蕉の「鶴脛」と同類である。

（四） 鳥類学の鶴ではない典型的な例

松のうれごとにすむ鶴《つる》は千代のどちとぞ思ふべらなる

（『土佐日記』一月九日の条）

典型的な「松に鶴」だから、これはコウノトリである。このことは池田亀鑑博士も學鐙文庫の『土佐日記』の中で指摘している。

六、井本農一著『芭蕉とその方法』

近年、俳諧の井本農一博士が、『芭蕉とその方法』の中の「芭蕉におけるツルとコウノトリ考―象潟の「鶴脛」の句にふれて―」で鶴が渡り鳥であることに論点を置き、きちんと論じられた。これを読んで、私は頭が下がった。今までの私の疑問が、ものの見事に一つ一つ解きほぐされ、理論が展開されていたからである。

これで、「鶴脛」を追いかけるのは、もうやめようと思った。井本理論を乗り越えることは、私には出来ないと思われたからである。

井本博士によれば、書道の尾上八郎（柴舟）先生が山田孝雄博士と同じ考えを持っていたこと。山田博士の真蹟の否定を「盲点」と指摘していること。芭蕉の真蹟はやはり真蹟であること、等を指摘され、「わが国では古くから鶴とコウノトリとが混同されていた」として『土佐日記』承平五年正月九日の『見渡せば松のうれごとに住む鶴は千代のどちとぞ思ふべらなる』を引用し、驚いたのは、次のご指摘で、

「現在は北海道の釧路湿原に丹頂鶴が留鳥となっているが、これは近代になり人の手が加わって、渡り鳥としての本能をやめたもので、元来すべての鶴が本能的に渡り鳥としてわが国へきて冬を越し春早々に北方へ帰って繁殖を遂げていたものである。釧路の留鳥は近代になってからの例外であるから、鶴がわが国で営巣することはなかったはずである。」

と言われたことである。

結論は「…芭蕉はやはり鶴とコウノトリとを混同していたと考えざるをえない。とすれば、『汐越や』の句の『鶴』は、コウノトリで、『…鶴おり立（ち）てあさるを』の詞書のある真蹟は本物

で、『鶴脛』は人間の脛でなく、鶴（実はコウノトリ）の脛と見るべきであろう。」と言われるのである。

数日後、私は思い直した。元来、私は学術論文を書こうとして、「鶴脛」を追求してきたわけではなかった。私は、自分の国語教育の原点がここにあり、「鶴脛」はそのサンプルだったのだ。私は本文を読み、それを自分の頭で消化してイメージを作る。そのイメージを教室で披露して、生徒に理解を求める。あるいは生徒が作ったイメージを発表してもらって、それを皆で検討する。要するに、私自身のイメージが作れなければ、私は授業が展開できないのである。これが私の国語教育の方法だったのである。

ちょっと痩せ我慢のように聞こえなくもないが、例としては「鶴脛」でなくてもよかったのだ。そういう資料としてなら、教科書にある一語一語、一文一文が皆そうである。ただ、人に説明する場合、心理的に微妙に入り組んだ複雑な構造の文を資料とするよりは、単純で具体的な単語を取り上げる方が分かりやすいだろうと思って、「鶴脛」を選んだのである。

七、『冷泉家の至宝展』

ところが、これで終わりにするわけにはいかなくなった。

最近私は、名古屋市博物館で開催された「冷泉家《れいぜいけ》の至宝展」を見学した。流石《さすが》に本物は、何度見ても感動する。以前、蒲郡で開かれた俊成・定家の展覧会の折に拝見した貴重な文献にも再会した。今回、初めてお目に掛かったのは、これまで冷泉家が門外不出として秘蔵していた先祖の神像であった。しかし、何よりも、私が嬉しかったのは、「鶴」を描いた絵画をたくさん見られたことである。

今ここに、展覧会の『目録』があるので、その展示番号で、紹介しながら、説明していきたいと思う。

（一）　正月の床飾《とこかざ》り　鶴亀図　双幅　狩野惟信筆　江戸時代

松と梅を背景にして、雌雄の鶴と雛の鶴が描かれている。鶴は、丹頂鶴かと思われる。しかし、例によって松に鶴という生態からいうと、本当はコウノトリなのかもしれない。

（七）　月次図屏風《つきなみずびょうぶ》　六曲一双　江戸時代

十二枚目に、雪をかぶった松が描かれ、その松の幹に三羽、地面に二羽、空を飛んでいる二羽の鶴が描かれている。
問題は、空を飛ぶ二羽の鶴である。これが首を曲げて飛んでいるのである。この飛び方は、サギの飛び方の特徴と一致する。鶴は首を伸ばして飛ぶ。

（二六）　飛鶴網干図蒔絵団扇形菓子盆

五羽の鶴が空を飛び、地面には魚網が干してある。その向こうに葦と思われる植物が生えている。葦鶴図といってもいいのかもしれない。四羽は首を伸ばして飛ぶが、一羽は首を曲げている。葦は枯葦のように見え、鶴の絵と見てよいと思う。

（三〇）　福禄寿図《ふくろくじゅず》　一幅　原派合作　江戸時代

中央に福禄寿、背景に松竹、その中間に丹頂鶴が一羽。前景に亀と二人の子供が描かれている。例によって、この鶴は、コウノトリであろうか。

（四八）　紅縮緬《べにちりめん》地《じ》水辺《みずべ》松竹梅《しょうちくばい》に飛鶴《ひかく》文様《もんよう》染繍《そめぬい》　掻取《かいどり》　一領

江戸時代後期

紅色の着物に松竹梅が散らし描きされている。その中に四羽の鶴（丹頂鶴ではない）が飛ぶという図。ところが、この鶴の飛び方は、首を曲げ、典型的なサギの飛び方である。今までのものは、鶴だと言えば、通らないこともなかった。しかし、この絵だけは、そういうわけにはいかない。ただし、これをアオサギというには、絵の鳥は白過ぎるように思われる。チュウサギ、ダイサギというのもある。

『学研生物図鑑　鳥類』サギとツルの飛び方の違い

上は、くびをちぢめて飛ぶサギ。
下は、くびを伸ばして飛ぶツル。

（六四）　淡紫壁縮緬地曙染春景遊鶴文様染繍《うすむらさきかべちりめんじあけぼのぞめしゅんけいゆうかくもんようそめぬい》　振袖《ふりそで》　一領　明治時代

水辺近くに松竹梅、水辺には葦が生え、水の中にたたずむ鶴、また、空を飛ぶ鶴もたくさんいる。目録では、細かくてよく見えないが、ほとんどがコサギのようにも思われる。

（二〇七）　為村賛福禄寿図《ためむらさん》　一幅　冷泉為村賛　狩野典信筆　江戸時代

座り込む福禄寿の側で、首を曲げて立つ丹頂鶴。前景に亀。このように見てきて、私は、なぜもっと早く絵画を見ることに気がつかなかったのだろうかと残念に思った。絵画は嘘をつかない。歴然と違いが分かるのである。

八、結論

兵庫県豊岡市のかつてのコウノトリの棲息地を、テレビで映しているのを見たことがある。その松林をナレーターは、「地元では鶴山と呼んでいる」と言った。「松上の鶴」は、やはりコウノトリだったのである。

若い頃、内地留学の機会があって、今泉忠義先生にご指導を仰いだことがある。その時、この「鶴脛」の話をして、先生のご感想をお伺いした。

「それでもやっぱり、私は、鶴がいいなあ」

「はあ」

これで、終わりであった。この会話は、私の頭に大きな楔を打ち込んだ。これが、大多数の人々の感想だろうと思われたからである。冷泉家の絵画に描かれた鶴もまた、私ごときが何を言っても、やはり鶴に変わりはないだろうと思う。

そこまで考えた時、結論が出た。

そうだ、鶴は霊鳥だった。いわば、縁起物だったのである。

例えば、麒麟がある。例のキリンビールのラベルで知られる麒麟である。他に動物園で見られる首の長い動物もまたキリンと呼ばれる。この両者を混同したら物笑いである。また、悪夢を食うと言われる伝説の「貘」もまた、動物園にいるバクとは異なる。

「千年の齢を保つ鶴」は、霊鳥であって、現実の鳥類学上の鶴とは違う。「鶴は仙界に住む霊鳥」だったのである。こう考えれば、八方丸く納まるではないか。それがたまたま、現実世界の「鶴」と似ていたために、混同が生じたのである。これが龍や鬼だったら、こうはならなかったはずである。

このように、古来多くの人々が混同したのは、仙界に住む霊鳥の鶴と現実世界の水鳥の一種の鶴であって、サギやコウノトリとの混同だけではなかったのである。

したがって、芭蕉の「鶴脛」もまた、目の前にいた水鳥、恐らくコウノトリ、またはアオサギの姿の中に、芭蕉は、仙界の霊鳥である「鶴」を重ね合わせて見ていたのではなかったか。

これが、私の長年の疑問に対する解答である。

（おしまい）

【初出誌】

『平成一〇年度会報』西国研　平成一〇年三月（一九九八年）発行

《補注》霊鳥・霊獣等について

参考文献　『延喜式巻第二十一』（新訂増補　國史大系　第二十六巻　五二七頁）

「治部省　祥瑞」の項に、霊鳥・霊獣等の一覧表がある。その第二項目に、「河精　人頭魚身」とあって、「河精」が項目、「人頭魚身」が割注。これは一般には、「人魚」と言われるものだろうと思われる。こういうものが羅列されている。

「鶴」に関して言うと、「玄鶴」とある。この「鶴」の周囲には、「白狐・玄狐・白鹿」等が並び、通常の動物の色ではなく、特殊な色だから、霊獣・霊鳥と扱われるようになったのだろうか。実は、鶴は、むしろ、黒味を帯びているものが一般的で、それを特殊な色と考えたというなら、「鶴は白色」と思い込んでいた節がある。丹頂鶴は確かに白色だけれど、それを除くと、白色が一般的な「コウノトリ」を、鶴の仲間に入れていたのではなかろうか。信用出来る書物に書いてあったからと言って、すべてが正しいわけではない。

漢詩に「黄鶴楼にて…」とあるのは霊鳥で、昔、仙人が黄色い鶴に乗って飛び去ったという伝説に基づくと言われている。

要するに、鶴なら、すべてが霊鳥だったというわけではない。

巻第三　棺桶のはなし

私はかつて、大量の棺桶を掘り出したことがある。昭和四十年前後のことである。なぜ棺桶を掘り出したのか。それは、私の町に県道が一本通っているのだが、その県道を拡幅することになって、そこに昔、土地のものが使っていた土葬用の墓地があったので、古くからの住民が総出で、拡幅する道路の下に入ってしまう墓地の棺桶を全部掘り出すことになり、私も関係者の一人として出たのである。

町内総出の真っ昼間の墓掘りは陽気そのものであった。恐らく参加した住民の誰もが、自分の先祖との対面を期待したり、あるいは、小判が一枚くらいは出てくるかもしれないという、ちょっと欲張った期待をしたりして、むしろワクワクした気持ちでスコップを動かしていた。

その日は、墓地の北西の隅に植えられていた一本の桜の大木と垣根の槙の木が既に掘り起こされていて、私たちは最初に墓地の上のごみごみしたものを取り除いてきれいにし、次に道路の拡幅部分の土を拡幅しない墓地の土の上に積み上げて、掘り進めていった。

私たちは、この墓地のことを、「の」と呼んでいる。少し改まった場合は、「のば」と言うこともある。漢学で書いたら、「野」または「野場」となるのだろうと思うけれど、一説には「野墓」の下の部分を省略したものと考えられているようだから、それなら漢字で書くのは難しい。

私は、大学に入るまで、そのことを考えてみたこともなかった。大学一年のとき、その頃入っていた児童文化研究会の先輩に連れられて、よその大学の文化祭を見学に行ったことがある。そのとき私は、児童文化研究会の発表会を見学し、その後で、たまたま、跳び込んだ民俗学研究会の「両墓制の研究」という展示を見た。そのとき、私は、一体これは何なのかと奇妙な気持ちになった。なぜなら、説明には「『両墓制』とは、死体を埋葬する『埋め墓』と、死者の祭をする『祭り墓』と、二つの墓を持つ墓制である」と書いてあり、そこには日本地図が掲げられ、「両墓制の分布」が書き込まれていたからである。今思えば東京堂の『民俗学辞典』の巻頭の図版と、大して変わらないものであったのだろうと思うのだが、そのときの私は、びっくり仰天したのである。なぜなら、それまで田舎なら、どこだって同じだろうと思っていた、私たちの墓地と同じ様式の墓地が、いかにも物珍しいもののように、書かれていたからである。

そのときの私は、そんなに珍しいものなら、なぜこの地図に私の町の墓地のことが出ていないのか、不思議でならなくて、親切に説明をしてくれた女子学生に文句を言った。その女子学生は、「きちんと調べました」と言って、いかにも迷惑だという顔をしていた。いま思うと、我ながらおかしいのだが、その頃の私は、「研究発表は完璧であるべきだ」と思っていたようで、相手の女子学生が、もしも「資料として加えますから、場所を教えてください」とでも言ってくれたら、得意になってしゃべり出していたのだろうと思う。しかし、その場は、何となく気まずい空気が流れて、そのことが逆に、私の心の中にいつまでも、両墓制のことを記憶させたようである。

ところで、私たちの掘り出した土葬の墓地は、この両墓制の「埋め墓」に相当し、墓地には墓石という物が全くない。墓地の一番表面の土は、まるで腐葉土のようにふわふわしていて、畑の土よりも柔らかであった。

＊

掘り始めて、最初に出てきたのは、棺桶のかけらであった。「こんなに腐ってしまうものかねえ」というのが、私たちの一致した感想であった。私たちの記憶にある最後の土葬から数えて、まだ十数年しか経っていなかったころのことである。しかし、掘り進むに従って、かえって形の崩れていない棺桶が出てきた。いわゆる「寝棺」である。

みんなが手を休めて、一斉に集まってきた。蓋を開けて中を見た。どういうわけか、中味は嘘のように空っぽであった。みんなは、(なあんだ)という顔をして、自分の持ち場に戻った。

棺桶の中に、名前を書いたものが残っているわけではない。埋葬場所も家によって決まっていたわけでもない。だから、もしも遺骨が出てきたら、誰もこれは、ひょっとすれば自分の先祖かもしれないという気持ちがあり、墓を掘る人々の気持ちは、どうしても敬虔なものになる。しかし、あまり深刻に墓を掘っていると、目の前に出てくるのは、何といっても骸骨そのもののはずで、気味の悪さに負けてしまうからであろうか、口をついて出る言葉は、自然と軽口になる。

我が家の先祖も、一体どこに埋葬されているのか、私には分からない。私の家の「祭り墓」には、江戸時代初期を筆頭にして、十数基の石塔が並んでいる。だから、仮に夫婦だけだとしても、三十人前後の人々が、この「埋め墓」に埋葬されたはずである。しかし、この三十人前後の遺骨が、今回掘り出すものの中に、はたしてあるのかどうか、分からないのである。

しかし、私は、兄を埋葬したときのことなら、今でもはっきりと覚えている。昭和十九年、私が満三歳のときであった。葬式の行列が出発するとき、「直坊は、これを持って」と父に言われ、私は自分の背よりも高い白木の墓標を身体全体で抱きかかえるようにして持ち、家から百メートルくらい離れたところの墓地まで、田舎道を歩いたのである。母はその日、ひとり家に残って、私たちを見送っていた。そのとき、なぜ私たちと一緒に墓地に来ないのか、不思議でならなかった。

兄の埋葬地は、南向きの墓地を少し入った右側のところで、その上に私の持っていった白木の墓標が立てられ、こんもりと土が盛られた。そのとき、悲しかったという記憶はない。

その兄を埋葬した場所は今回は掘り出さない。もし掘り出したとしても、棺桶のかけらか、あるいは、どんなに状況よく保たれていたとしても、空っぽの棺桶が出てくるのであろうと思われた。

＊

「の」は、もともと道路面から七、八十センチ、盛り上がっていた。その土を少しずつはねのけていき、道路面よりも少し低いところまで掘り進んだところで、真四角の棺桶が出てきた。一辺の長さは人間の座高くらいであった。「座棺だ」と誰かが言った。棺桶の木はまるで昨日、埋葬したのではないかと思われるほど、きれいであった。まわりの土はじとじとと水を含んでいた。蓋を取ると、中から木の根のようなものが、二本出てきた。間違いなく、お骨である。「これだけかねえ」というのが、皆の感想であった。

しかし真四角の座棺が、次々と出てくるようになると、お骨の方もだんだんとお骨らしくなってきた。二本のお骨は大腿骨であろうということで、皆の意見は一致した。

その次に、丸い座棺が出てきた。皆、思わず歓声をあげた。文字通りの「棺桶」の登場である。高さは、真四角の座棺と同じであるが、形が桶になったのである。

いま私たちは、「寝棺」のことを「棺桶」と呼んで、そのことに、ほとんど抵抗を感じない。そういう私たちの目の前に、文字通りの「棺桶」が出現したのである。

言葉は、保守的なものだと私は思う。

そのことで、思い出すのは、小学校三年生のとき、それが夏休みだったのか冬休みだったのか、ともかく長い休暇の後のことであった。学校に行ったら、教室の黒板が、それまでの文字通りの黒板から緑色の黒板に変わっていたのである。私は驚いて隣の教室を覗いてみた。すると、それもまた緑色の黒板であった。次々と教室を見て回ったが、結局、学校中、すべての黒板が、緑色に塗り替えられていたのである。そのとき誰かが言った。

「緑の方が、目にいいんだって。」

その説が正しいのかどうか、私は知らない。しかし、そのときから、「黒板」は、「緑板」に変わったのである。ところが、言葉だけは、相変らず「黒板」と言い、決して「緑板」とは言わない。ガリレオの地動説の時代になっても、太陽は相変らず、東から昇り、西に沈むのである。状況が時代とともに変化していくのに、言葉の方は、元のまま頑張っているのである。ある日、そのときのことを思い出して、私は教室の黒板を見た。そしたら、なんと、そこにはメーカーのプレートが付いているではないか。いわく「アオイボード製作所」であると。言い得て妙であると思った。

「棺桶」が出てきたところは、墓地の隣接地に水田があるのだが、その水田よりも低かった。そこは、まるで池の中のように水が涌き出していた。そうして「棺桶」は、新品同様でピカピカであった。おまけに、その棺桶の中にはお骨がゴロゴロと残っていた。しかし、肝心の頭蓋骨は、薄いカケラ状のものしか残っていなかった。

＊

私にはどうしても分からないことがある。なぜ棺桶がそんなに深いところに埋葬されていたのか。まさか最初は水田を掘って埋葬していたものが、だんだんと棺桶を積み重ねていくうちに、畑よりも高くなってしまったというわけではあるまいと思う。あるいは特定の荒れ地を深く掘って埋葬していくうちに、初めの方の棺桶が上からの重みによって、だんだんと沈んでいったのであろうか。そう考えるのが無理ないのだろうとは思うけれど、本当にそういうことがあるのだろうか。

ひょっとすれば、と私は考える。私の町は、もともと天竜川の川原の上に出来上がったところだと聞いている。古くは豊田郡《とよだのこほり》と言われていたのだという。ところが、豊田郡の真ん中に、天竜川が割り込んで流れるようになり、豊田郡は、見事、真っ二つに分断されてしまった。右岸の私たちの村は今は浜松市になり、左岸の隣村はいま磐田市という。その天竜川は、私の生れる前は、何度も決壊をしていたのだそうで、それなら墓地の上にも冠水があったのは間違いない。決壊したときの土砂が上にたまったということがあるのだろうか。

私たちにとっては、分からないことは沢山あった。

仏様は、一体どちらを向いて座っていたのだろうか。寝棺の場合なら、お葬式のときと同じように、西枕または北枕に埋葬したのだろうと思う。しかし座棺となると、実物を見たことのない私たちには分からない。西方浄土の阿弥陀様のところへ行けるように西向きに座ったのだろうか。それとも太陽に向かって、東に向いて座っていたのだろうか。宗派による違いがあったのだろうか。住民みんなが考古学者に早変わりして、ああだこうだと考察をする。

この日、私は、午後の墓掘り作業を弟にバトンタッチした。午前中だけでも、見るべきものは見たし、こんなに珍しいものを、兄だからといって、独占してはいけないと思ったからである。

結局、副葬品は、小判はおろか、一枚の古銭も出てこなかった。出てきた物は、籾殻入りの座布団が一枚だけであった。要するに、「貧乏村」だったのだろうというのが住民の一致した感想であった。

夕方、犬の散歩の途中、「の」の傍らを通りかかり、その後、どうなったのか、のぞいてみた。「の」は、道路の拡幅部分がきれいに削り取られ、土は埋め戻されたり、今までの「の」の上に、積み上げられたりして、その上に、白木の供養塔が一本立っていた。そうして、その根元に、掘りだした棺桶の木が無造作に積んであった。私は、この件は、これですべてが終ったと思って、通り過ぎた。

＊

何日か経った頃、私は一つ気になることがあった。テレビの時代劇などでよく見かける棺桶は、ちょうど五右衛門風呂くらいの大きさのものが多いのだが、私の目の中の記憶に残っていた棺桶は、あんなに大きくはなかったのである。座高の高さの真四角の箱と、それと同じ高さの桶だった。しかし、「座高の高さ」と言っただけでは人に説明するとき、説得力がないのではないか。そう思うと、急に棺桶の寸法を、きちんと計っておくべきだったと考えて、私は巻尺を持って、「の」へ行った。

ところが、私は自分の目を疑った。数日前、確かに新品同様の棺桶だと思っていたものが、見ると、まるで土のようにぼろぼろになって、そこにあったからである。初めはどうしてもそのことが納得できず、供養塔の回りを一生懸命、見て回った。しかし、何度見ても、どこかの誰かが棺桶を持ち去ったようには見えないのである。どう考えても、土になったとしか考えようがない。私は棺桶の寸法を計ることに失敗した。滅多にないチャンスを逃してしまったのである。私は悔しくてならなかった。

＊

その後、私は信州の秋山郷を訪ねたことがある。

秋山郷というのは、スキー場で有名な苗場の西側の谷にあり、飯山線で新潟県の津南町から南に入る広大な地域を総称して、そう呼んでいる。

かつて私は、大阪の豊中市の民家博物館で、文字通りの「掘立住宅」が移築されたものを見たことがある。遠く元禄の世に松尾芭蕉が『奥の細道』の旅の途中、今の福島県の飯坂市に泊まったとき、この掘立住宅を見て、今でもこんな物が残っていたのかと驚いたという。原文は「土坐に莚を敷きて、あやしき貧家なり」とある。これと全く同じ物が、この昭和の時代まで残って使用されていたのである。これが秋山郷の物だったのである。

その後、江戸時代の越後塩沢の商人、鈴木牧之の書いた『北越雪譜』や『秋山紀行』を読むに及んで、どうしても秋山郷を見に行きたいと思うようになった。私は生れて初めて買った車、三菱ミニカ360を走らせて、東名高速に乗り、横浜インターから北上して、途中、越後塩沢の鈴木牧之の記念館に立ち寄って、津南町から秋山郷に入った。まだ関越自動車道の無かった頃のことである。

秋山郷は、中程から信州に入る。信州に入ってすぐの頃、前を歩いていたおばさん二人が手を上げて、私の車を止めた。ヒッチハイクである。そのおばさんたちとの話の中で、その一人のおばさんが民宿をやっているということを聞き、泊めてもらうことにした。

夜、主人夫婦と遅くまで話し込んだ。豊中の民家博物館の話をすると、「それは、上ノ原のおじさんの家です」といい、急に旧知のように話が弾んだ。

「この辺りは、雪はどのくらい降るんですか」

「去年は、少なかったから、四メートルくらいかなあ。だけど、例年は、八メートルは降るよ」

「そんなに降ったら、困ることもあるでしょうね」

「そうさなあ、葬式か」と言って、主人は一呼吸する。八メートルの雪を掘って、遺体を埋めるのは、並大抵ではないのだという。

「八メートルも掘るんですか」

「いや、八メートルは掘らない。途中まで掘ったら、それで掘ったことにして、遺体を納めて春先まで待つ」

この村には医者はいない。ただ歯医者だけは、小赤沢出身の歯医者がいて、普段は、東京で開業しているのだが、夏の間だけは戻ってきて診てくれる。「今日はそこへ行った帰りだったんです」と奥さんが言う。坊さんもいない。だから、お葬式は春まで待つのだという。ついでに言えば警察官もいないのだそうで、まるで現代の桃源境である。その後、この村は、村の生活全体が「重要無形文化財」に指定されたと聞いている。

「雪の中でよく自分の家の墓地の場所が分かりますね」

「分からないよ。春になったら、隣の家の墓に入っていたってこともあるから」

そういう話の中で、主人が言った。

「おじいさんが死んだとき、棺桶の中に入ってみたことがある。子供のときだけどね」

「ええっ、どうやって入るんですか」

「こうやって入るんだよ」と言って、膝を立てて、脛を交差させ、それを二本の腕で抱きかかえるようにして、座って見せてくれた。

「だけど、いざ出ようとしたら、出られなくなってね、結局、棺桶を壊して出たよ」

奥さんが言った。

「その話、私、初めて聞いたよ」

この村の人は、谷向こうの旅館の人以外すべて山田さんといい、親戚なのだそうだ。鈴木牧之が『秋山紀行』をした後、秋山郷は、飢饉のために全滅した部落が多い。

「私たちの村は、男が一人、女が一人だけ生き残ったんだそうです。それが、私たちの先祖になりました」

実は私が泊まったのは、「和山」というところである。ここで、鈴木牧之は、お茶を御馳走になり、その家の婦人二人の美しさに感激したことを書いている。私は、目の前の奥さんの顔をじいっと見た。あの話の美人の生死が知りたかったからである。

当時、信州大学の先生であった市川健夫氏は、『平家の谷・秘境秋山郷』の中で、「おしいかな、この天下の美女もこの時より九年の後秋山をおそった六年連続の大ききんの最後の年、天保八年（一八三七）にまだ四十にも間のある女ざかりの身をもって……餓死してしまうのである」と書いている。

私は、ちょうどいい機会だったので、棺桶の大きさを聞いた。

「縦二尺四寸四分、直径一尺四寸四分、棺の寸法」

と手元にあった市川先生の本の裏表紙に、私はメモした。私の目の中に残る棺桶の寸法と比べると、ちょっと細いのではないかと思う。豪雪地帯には、豪雪地帯の事情があって、細く作ったのかもしれない。それなら、江戸の町の棺桶が私の町のものより大きくても、江戸には、江戸の事情があったのかもしれない。時代劇の棺桶の大きさが、間違っているのではないかというような、軽はずみなことを言ってはいけないと思った。

＊

今度これを書くに当たって、作家の水上勉氏のお父さんが棺桶を作っていたという話を思い出して、『私の履歴書』を読み直してみた。すると、「二尺五寸角」と書いてあるではないか。私が見た棺桶の寸法はこれと同じだったのではないかと思う。私は水上勉氏のお父さんが作っていた棺桶の形を、自分勝手に「寝棺」だと誤解していたようである。

そこで念のため、私は、保健室に行って、わけを話し、保健室の市松模様の床に座り込んで、二尺五寸のところに目印を付け、保健の先生に座高を計ってもらいながら、自分の目の中の記憶と照らし合わせて、

「先生、七十五センチのところを教えてください」

と言って、背中を丸めて小さくなっていく。

「そうそう、確かにこの大きさだ」

何だか自分が、仏様になったような気分である。

もともと棺桶を掘り出したときに、きちんと寸法を計っておけば、こんなに手間取ることはなかったのだ。私は、しみじみと反省をした。

（おしまい）

『富嶽論叢』第九号

巻第四　殺しのバラード

一　少し長めのショートホームルーム

放課後のショートホームルームの時であった。

「今年のＨＲ展は、何をやったら、いいですか」

ＨＲ委員長が教壇に立って、皆に聞いた。

一人の女子学生が、すっと手を上げて言った。

「彫刻がいいと思います。校庭に石膏造りの『乙女の像』がありますよね。あれは昔、先輩が文化祭の時に作ったものだって言うでしょう。だけど、乙女一人きりじゃあ、寂しいんじゃない。だから、あたし、それとペアになるような『男子の像』を作ったらいいと思うんですが」

委員長の横に控えていた副委員長が、黒板に「男子の像」と書いた。

こうして、放課後のショートホームルームが始まった。

「体育館で、『学園ドラマ』を公演したら、どうですか」

「僕は、ボートレースをやったらいいと思います。文化祭の最中は、どこもプールを使ってないから、みんなでボートを作って、ボートレースをやったら、どうですか」

教室の中を、シラケ鳥が飛んでゆく。

「壁画を描いたら、どうでしょうか。校舎の東側の壁が、今、何もなくて、殺風景だから、みんなであすこに壁画を描いて残したら、面白いんじゃないですか」

「合唱がいいと思います。体育館のステージで、みんなで一緒に歌って、それでおしまいにしたら、簡単でいいと思うんだけど」

生徒たちは高校三年生。受験を控えた今、受験以外のことに時間を使いたくないという本音と最後の高校生活なのだから、思い出に残ることをやってみたいという二つの気持ちが微妙に絡み合う。

「カレーライスを売ったら、どうですか」

「検便をやるのか、嫌だな」という声が飛んだ。途端に、ガヤガヤ。

「案を出している途中で反対するのは、やめろ。反対をしたかったら、それよりもいい案を出したら、どうだ。第一、手を上げて言えよな」

担任の私は、大抵は窓際に立って黙って聞いている。しかし、進行を妨げる発言が出た時、それを放置しておくと、反対された人がしょげるだけではなく、次に何か言おうとした人まで、どうしても構えてしまって、結局、皆が意見を言わなくなる。しかし、意見が出ている限りは、どんなに他愛無い意見でも構わない。皆で、ああだ、こうだと言っていれば、落ち着くところに落ち着くものである。担任の仕事は、単なる反対意見や冷やかしをやめさせるだけでいい。

「文化祭の見学って疲れるから、休憩室をこしらえたらどうですか」

「あたし、人形劇をやってみたいんだけど、駄目ですか」

「紙芝居の方が簡単でいいんじゃない」

「毎年見てると、校門のところに何もなくて、ちょっと寂しいから、歓迎アーチのようなものを作ったらいいと思うんですが」

生徒たちは、何の脈絡もなく、思い付きを次々と並べてゆく。黒板は、見る見る一杯になった。副委員長は、書くのに忙しい。

「映画を作ったら、どうですか。みんなが好きなものを作って、例えば、彫刻を作る人は、彫刻を作る。ボートレースをやりたい人は、ボートレースをやる。歌を歌いたい人は、歌を歌う。そうやって、みんなが好きなことをやっているところを8㎜で撮影したら、みんなが好きなことが出来て、いいんじゃないですか」

「映画は、お金が掛かるんじゃないですか」

これは質問である。映画作りの案は面白いと思った。黒板に並んだ案の中に、皆を納得させる出し物があるだろうか。確かに、たくさんの案が並んだ。しかし、実際は、ただバラバラに並んでいるだけではないか。もしも、この後、これらの案を圧倒するような強力な案が出なければ、今日の会議は、単なる案の羅列で終わってしまう。この会議は、発表し合うのが目的ではない。クラス全体が文化祭に向かって、「よし、これでやって行こうじゃないか」と行動をして、初めて有効なのである。この会議は、そういうエネルギーを生み出すための会議であった。私はここで一言、彼の案を応援しておかなければならないと思った。

「経費は、学校で一人二百円以内と決まっているだろ。クラス全員で四十四名だから、総額は八千八百円。その金額の中で、作れるものを作ればいい」

「シナリオは、どうするんですか」

「誰かが筋書きを作って、台詞は、役者になった人が自分で考えればいい」

私は大学時代、児童文化研究会に入っていた。レパートリーの中に、立体童話というのがあった。これは、話の荒筋だけが決まっていて、最初に、観客の前にナレーターが出て、舞台の設定を言葉で説明して、立体童話が始まる。登場人物は、話の荒筋に合わせて、自分の台詞は自分で考え、即興でしゃべる。お客さんの反応次第で、台詞はコロコロと変わる。夏休みには地方巡業があって、それが一週間続く。同じ役ばかりやっていると、飽きてくるから、役もまたコロコロと変わる。これが受けないことはない。私は、この立体童話のやり方を説明し、「多分、この方法で、映画も作れると思うよ」と付け加えた。

「では、この辺で決を採ってもいいですか」と議長が言った。

結果は、「男子の像　七」「学園ドラマ　四」「映画　三」であった。

この後に、二票、一票がずらっと並び、圧倒的な支持を得たものはなかった。

こういう時、私たちは、上位二者で決選投票をして、過半数を取ったもので決定するということが多い。もしも、私が黙っていたら、多分、そのやり方で決まったのだろうと思う。しかし、決まることは決まるけれど、それなら、クラス全体がまとまって文化祭に参加したかというと、物事はそんなに簡単ではない。恐らく反対者は、HR展にそっぽを向いて、自由参加の個人展に出品し、クラスの方は、空洞化する恐れがあった。この年の私のクラスは、寄り合い所帯で、他のクラスがそれなりにまとまっていたのとは違い、色んなクラスから、個性豊かな生徒が集まって、その点では確かに面白かったのだけれども、一言で言えば、バラバラなクラスだったのである。

ここで、私は手を上げて、「上位三者で決選投票をやったら、どうだろうか」と提案をした。これが民主主義のルールに適ったものかどうか、私は知らない。

決選投票の結果は、「男子の像　十八」「映画　二十」「棄権　四」であった。それに、議長・副議長の二名を加え、総勢四十四名である。映画が一位ではあるけれど、半数に満たない。圧倒的多数でなくてもいいけれど、せめて過半数は欲しいところである。議長と副議長もクラスのメンバーなのだから、評決に加わる権利を持っている。

「君たちはどうなんだ」

と私は聞いた。しかし、状況が状況だから、二人は、簡単には答えが出来ない。

「棄権の人はどうなんだ」

「先生に一任します」

「ええっ、その手があったのかよ」

四人とも一任ということであった。

「ということは、僕が映画だと言えば、二十四票だから、過半数。僕が男子の像と言えば、二十二票だから、ちょうど半数。改めて議長、副議長の意見を聞かなければならなくなって、二人は責任を感じて困ってしまう」

「誰か、映画を作った人はいるんですか」と、一人が手を上げて言った。

「誰か、いるか」と私は聞いた。教室の中は、しばし静寂が走る。

「誰もいないようだけど、僕は、ドラマを作ったことはないけど、バドミントン部の顧問をしていて、選手のフォームなら、よく撮るよ。それに、学校の視聴覚係をやったことがあって、十六㎜映写機の操作なら、出来るから、何とかなると思うよ」

ここで、私は、改めて生徒の顔を見まわした。

「じゃあ、映画でいいのかな。去年の先輩が、二階の階段劇場で、『月光仮面』をやっていたけど、見た人はいないか。結構、面白かったよ」

階段劇場というのは、階段と壁だけの不思議な空間で、うまい具合に、入り口にカーテンが付いていた。だから、そのカーテンを引けば暗室にもなり、狭いけれど、簡単な寸劇も出来たので、生徒たちは、そこを階段劇場と呼んで、アングラ劇場風に利用していた。学校に、なぜ、そんな空間があったのか。当時の、校舎の改築工事は、一度に学校全部を作るのではなく、毎年、少しずつ継ぎ足しをしていた。そのため、別棟の校舎とつなぐ渡り廊下を途中まで作って、一休みをしていたのである。

前面は行き止まりの壁、後ろが三段の階段。全く管理者のいないこの空間を生徒たちが見逃すはずがなく、この小劇場は、生徒たちにとって人気の空間であった。しかし、校舎が完成したこの年は、階段劇場はなくなっていた。

「みんなが好きなことをやって、それを映画に撮ればいい、という案は、非常に面白い。だから、ぜひ、その趣旨を生かすものを作ってほしい」

こうして、8㎜映画を作ることが決定した。

「確認なんですけど、みんなが好きなことをやって、それを映画に撮るというのは、いいんですけど、そうすると、学園ドラマを作るって、考えていいですか」

と議長が聞いた。そりゃあそうだと、皆が頷きあっていると、一人が手を上げて、

「殺人事件は、どうですか」

と言った。意表をつかれたという感じで、皆はこれを聞いた。そんなものが出来るだろうか、という気持ちと、何だか面白そうだぞ、という気持ちとが相半ばして、お互いに顔を見合わせている。

「今日は、ちょっと遅くなったから、『学園ドラマ』と『殺人事件』の二案が残ったということにして、改めて、二つのチームで競作をして、それで決めるということにしたら、どうだろうか」と私は提案をした。

＊

次の会議は、「殺人事件」を提案した生徒が、ちょっとした作家で、簡単な筋書きを言っただけで「殺人事件」チームが圧倒的な人気を博し、文句なく落札をした。

私は作家に、「学園ドラマ」のチームの気持ちを生かして、「学園殺人事件」といったものを作れないかと注文を出した。

その時は、中間試験の直前だったので、私は作家に「但し、勉強優先だぞ」と釘をさしたつもりだったのだけれど、彼は、「僕はどうせ勉強やっても出来ないから、いいです」と言って、次の日の朝のショートホームルームの時間にはもう「映画の題なんですけど」と言って、二案を示し、「どっちがいいですか」と皆に聞いた。こうして、「殺しのバラード」と題名が決定をした。

「先生、大体、筋書きは出来たんですけど、シナリオって、どう書いたらいいですか」

私は、国語教師である。しかし、文章のことを何でも知っているわけではない。大学卒業後、新任の学校で演劇部の副顧問をした。正顧問の先生は、大学で演劇を専攻した人で、毎年、演劇部の生徒を連れて、東京の劇場、映画の撮影所、ラジオ・テレビの放送局を見学して回った。私もそれに同行していた。

「専門家だって、結構、いい加減なものでやってたぜ。今は、どうか知らないけど、昔、テレビ局のスタジオで、本物のシナリオを見たことがあるんだけど、ガリ版刷りの簡単な冊子で、一ページの上から三分の一くらいのところに、横線が一本引いてあって、その横線の上に、絵とカメラワークを書き込むところがあって、横線の下に、チョコチョコと、シナリオが書いてあった」と言って、私の見たことを話したら、「それくらいでいいなら、僕にもできそうです」と言い、納得して帰っていった。

試験の最終日の放課後、作家チームは、皆で集まって、ボールペン原紙に、作家の書いてきたシナリオを手分けして写した。ボールペン原紙というのは、蠟原紙の一種で、原紙を切るのに、ガリ版と鉄筆ではなく、ボールペンだけで切って印刷するという簡便な原紙のことである。これは印刷機器の発達著しい現代では、歴史上の遺物になってしまったと思ったら、最近、子供用の年賀状の印刷機の原紙として復活をしていた。

シナリオは、藁半紙四枚の簡単なものであった。次の日の朝には、印刷してクラスの皆に配っていた。

＊

シナリオの次は、役割分担の会議である。

役割分担の会議の日は、バドミントン部の県大会が近かったので、私は、そちらの練習の方に顔を出していて、詳しい状況は分からない。後からの報告によると、今回もまた議論の末に、結局、次のように決まったのだという。

（一）キャスト

1　主　役　ちょっとニヒルな男がいいということで、木島が指名された。木島曰く、「嫌だ、嫌だって言うのに、みんなで押し付けるんだよ」

2　相手役　髪の長い少女がいいということで、白川に決まった。白川曰く、「顔がいいからとは誰も言ってくれなくて、後姿だけでいいんだって」

3　敵　役　ハンサムな男がいいと、佐伯が決まった。無口な男である。映画が上映された後、「何人かの女子学生から、サインが欲しいって言われました」と言って照れていた。

4　脇　役　HR担任の役は、私である。映画に出るほどの顔ではない。恥ずかしいけれど、逃げるわけにもいかない。

5　ゲスト　生徒たちから絶大な人気の英語科の「キンブル先生」と決まった。
6　その他　HRの生徒全員。

（二）スタッフ

自分の得意分野で、クラスに協力する。

1　脚本と監督　作家の永井。自称「永井屋デパートの御曹司」
2　撮影と編集　カメラマン志望の田坂。カメラ狂
3　男子の像の製作　女子学生たち
4　美術・ポスター　デザイナー志望の学生たち
5　音楽・録音　ロックファンの男子学生たちと放送部の女子学生たち
6　映写技師　機械好きの男子学生たち
7　助監督　A君とB子さん。曰く、「私たち、何にも特技がないもんですから」
8　総監督　担任の私。実際には助監督の助手である。要するに、調整係。

（三）日程の調整

文化祭当日までの日程は、二週間であった。カメラマンが町の写真屋に行って聞いてきたとこ

ろによると、白黒フィルムの方が安いのではないかという私たちの予想は否定されたという。なぜなら、白黒フィルムは、現像に日数が掛かるから、発表の日に間に合わないからというのだ。カラーフィルムの方がお客さんが多いから、現像が早く出来るという。しかも、カラーフィルムでも現像に一週間が掛かるという。ということは、残された二週間のうち、一週間は、フィルムが現像所に行っていて、私たちには仕事がないということである。実際には、一週間で完成をさせなければならない。おまけに、編集に二日、録音に一日はどうしても必要なのだとカメラマン氏は言う。それなら、単純な引算で、残りは四日間。その四日間で、すべての撮影が完了するように、これからの撮影計画を立てなければならない。何とまあ、忙しいことよ。

二　雨の日のロケーション

撮影の第一日は、日曜日であった。

普段、日曜日の学校は、校舎の中を自由に使うことが出来ない。警備会社のアラームがセットされているからである。そこで、撮影初日は、浜辺のロケーションから始めることにして、キャストとスタッフの全員が、浜辺の町のバスの停留所に、朝の九時半に集合することが決まった。

私は、自分の車で現地に向かった。家を出る時は、見事に晴れていたのに、途中からフロントガラスに、ポツリポツリと雨が当たり始め、目的地に着いた時には、文字通りの土砂降りになっていた。約束の時間に到着したバスからクラスの生徒たちが降りてきた。

「先生、この雨じゃあ、どうしましょうか」

「うーん、どうしようか」

地元の生徒が自転車で来ていて、

「折角来たんだから、僕の家に寄ってください」と言った。助監督Aである。

「そうだなあ、このまま帰ったって、しょうがないし、じゃあ、そうしようか」

私たち一行が彼の家に行くことにしたところ、もう一人の地元の生徒が、

「僕、彼の家を知っていますから、次のバスで来る人がいるといけないから、それを待ってから行きます」と言った。何とまあ、気がきくことよ。

助監督Aの家は、織物屋であった。建物の半分が工場で、残り半分が住宅になっていた。日曜日のためか、工場は休みであった。当時、この町は、住民の半分近くが工場を営んでいて、織物屋の町であった。

折角、皆が集まったんだから、筋書きだけのシナリオに、もう少し演出をつけたらどうだろうか、ということになり、演出会議が始まった。雨のお蔭である。

*

シナリオの①から検討を始めた。

①　ゲストのキンブル先生の英語の授業。

「キンブル先生には、英語のリーダーの、どこか、適当なところを選んで読んでもらって、読んでいる途中で、六時間目の終わりのベルが鳴る。それで終わり、ということで、どうでしょうか」

「終わりのところは、『起立、礼』を入れると、カッコイイと思うんですが」

私たちは、普段、起立、礼の号令を掛けていなかった。

「うーん、その方が締まるかもしれないな。じゃあ、号令は誰がやるんだ」

「僕がやってもいいです」

「じゃあ、頼むぞ」

授業が終わって、皆は雑談。カメラは、教室の後ろから、それを撮る。

担任の先生が教室に入ってきて、ショートホームルームが始まる。

「先生の台詞は、出来るだけ、短くしてください」

生徒たちは、普段の、私のショートホームルームが長過ぎるから、短くしろ、と言っているのである。生徒の言う通りである。

「じゃあ、伝えることは、今日は別にありません。では、当番、スピーチをどうぞ、と。これでいいか」

「それならいいです」

「ところで、明日の当番は誰だ」

「僕です」

「じゃあ、話すことを考えて来いよ」

当番のスピーチは、その日の当番が、帰りのショートホームルームで、三分間スピーチをやると言うことで始めた。初めは、恥ずかしがって、少ししか話さなかった生徒たちが、最近では、面白くなってきたものか、どんどん時間が延びて、この頃では、まるで十分間スピーチになっていた。

「短くていいぞ」と、私も負けずに言う。

「その次は、私の『連絡事項はないか』でいいか」

「文化祭費用の二百円を出してくれって言うのは、どうですか」

「よし、それで行こう。誰がやる？　ああ、君が会計係か。じゃあいいな」

「最後に、『他に？　なければ終わります』で、いいんだよな」

＊

② 放課後、教室で、木島が一人、数学の勉強をしている。
勉強に飽きて、ノートに落書きを始める。

いつものように、彼女の写真を取り出して、過去の思い出に耽る。

カメラ、白川の写真をアップで映す。

カメラ、ぼかす。

「白川さん、写真をアップで映すから、明日、何か持ってきてください」

「えっ、私の写真ですか。恥ずかしいな」

「じゃあ、アップの写真はやめようか。写真の裏だけ映すから、写真なら、何でもいいや。木島、持って来いよ」

演出は、コロコロと変わる。

＊

③ 浜辺のロケーション。木島と白川のデートの場面。

外は相変わらず雨が降っている。皆、空を見つめて、溜め息をつく。今日、これが撮れなければ、今後のスケジュールが決まらないから、困る。しかし、お天気が相手では、喧嘩も出来ない。そこで、私は言った。「今日は必ず晴れる」と。しかし、誰も信じない。当たり前である。何一つ根拠がないのだから。

では、なぜそんなことを言ったのか。実は、高校時代の国語の先生の一人が、「朝焼け雨に、傘持つな」と言う話をしてくれたことがあった。朝焼けの日、途中から降り出した雨は、午後には必ず晴れる、という意味であった。今朝は、見事な朝焼けであった。その先生の話が、もしも本当なら、今日は晴れるはずである。真偽は、私にも分からない。この時、偶々この言葉を思い出したのである。カード遊びの折、自分の欲しいカードが、手元に入ってくることを、只管、祈るのと同じような心境であった。

＊

④　カメラ、ぼかす。場面は、再び教室の木島。
窓の外を、白川が佐伯に寄り添って歩いている。
木島、それを見て、激怒して、数学の計算用紙を握り潰す。

⑤

次の日の放課後。場面は、同じ教室の中。

木島と佐伯が喧嘩をしている。

初めは、口喧嘩。次に、暴力シーン。

「台詞は、どうするんだ」

台詞は、自分で考えると言うことで始めたのである。しかし、木島は言う。

「俺、やだぜ。いくらなんでも、『白川は、俺の女だ。手を出すな』なんて、言えねえよ」

ううーん、と唸ったまま、誰も答えない。しばらく沈黙が続く。やがて監督が言う。

「じゃあ、しょうがない。台詞なしで行くか」

「じゃあ、喧嘩はどうする」

再び沈黙。

「喧嘩くらい、したことあるだろう」

「ないです」と監督。

「本当にないのか」

「はい」と言って、お互い同士、まわりの生徒の顔を見回している。これは意外であった。居合わせたメンバーの中に、喧嘩の経験者が一人もいなかったのである。

「俺だって、やったことがあるぞ」

今度は、生徒の方が意外そうな顔をした。

「………」（しばしの沈黙）

「振りをつけなきゃ、映画にならんぞ」

助監督Aが言った。

「僕が考えます」

世間の人は、何かと言うと、すぐ暴力反対と言う。しかし、映画の画面は、単純明快、かつ変化がある方が面白い。だから、暴力の、大袈裟なアクションで迫るのが面白い。もしも品行方正な一人の学生が、うじうじと悩んでいる場面を、アップで映したと仮定してほしい。はたして面白いかどうか。考えるまでもない。

シナリオには、「喧嘩の最中、木島が佐伯を殺す」と書いてあった。

「ところで、どうやって、殺すんだ」

「それがむずかしいんです。ナイフでグサッとやって、血がタラタラって言うのはどうですか」

「どうして、ナイフを持ってるんだ」

「そうですねえ、不自然ですかねえ」

「過って、殺してしまうってことで、どうでしょうか」

「その方が自然だねえ」

「机の角か何かで、頭を打って、過って死んでしまうってところでしょうかねえ」

「じゃあ、そんなところで、アクションは、助監督A、考えておいてくれ」

殺してしまった後の、心の微妙な動揺について、シナリオには、
人を殺した恐ろしさから逃がれようとして、ドアに向かって走ってゆく。ドアには、鍵が掛かっていて、なかなか開かない。やっとの思いで、ドアを開けて、廊下に飛び出す。その瞬間、人の足音を聞く。慌てて、また、教室に飛び込む。足音が遠ざかる。このことによって、少し冷静になった木島は、死体を始末することを考える。

と書いてある。

「ここは、検討の必要はないな」

＊

⑥　木島は、佐伯の死体を屋上まで運んで、地面に落とす。
「地面に落とす時は、むしろ、不器用なくらいの方がいいぞ。落語に、『時そば』っていう与太郎噺があるのを知ってるだろう。最初の男がうまくやって、それを真似た与太郎が失敗するってやつ。あれの逆の手を使って、初めは素人っぽく下手にやって、次にスカッと上手にやった方が

効果的だと思うよ」

＊

⑦　次の日の朝、佐伯の死を伝える担任のはなし。
「ここは、俺が主役だから、俺が考えてくる。それでいいだろう」

「じゃあ、先生に任せた」

「ただ、俺一人でしゃべってたって、つまらないから、誰かに手伝ってもらおうかな」

「遠藤、何か聞くから、一言、しゃべってくれ」

「女子の方は、石井、考えておいてくれよ」

「何をしゃべるんですか」

「うん、ここは、自殺かもしれないってところだから、自殺の原因なんて簡単には分かりっこないから、『分かりません』と言うようなことでいいよ」

「あ、それなら、分かりました」

＊

ここで、お昼が出た。みんなの前に、お寿司の大きな盛り合わせが三つ、どーんと出た。

「ええっ、こんなに」

皆は恐縮しながらも、大喜びをして屈託なく食べた。誰が見ても、映画の製作費の何倍かの出費である。

「じゃあ、ここで、ちょっと休憩としようか」

昼の休憩の後は、シナリオの方も、ちょうど昼休みの部に入った。

＊

⑧　みんなが昼休みに、フォークダンスをしている。
「いつもと同じことをすればいいじゃんね」

その頃の、学校の昼休みは、フォークダンスが皆の日課になっていた。撮影は、渡り廊下の屋上で行なうことになった。
⑨　放課後の、誰もいない教室に、木島が一人ぼんやりしている。
⑩　そのうちに木島は、ふらふらしながら教室を出て、階段を昇り、屋上に行く。

⑪ 木島は、屋上でぼんやり空を眺めている。ポケットから思い出の写真を取り出して、しばらく眺めていたが、不意に力なく写真を破る。写真は、ひらひらと下に落ちてゆく。木島は、屋上から飛び降りる。ここで、人形を落とす。カメラがそれを追う。

⑫ 地面に落ちた木島は、仰向けになって死んでいる。眼鏡の片方が割れ、口から血が流れ出ている。上から、写真の切れ端がひらひらと落ちてくる。画像がぼける。

⑬ 再び、画像がはっきりして、場面が変わる。

淡々とシナリオを読んできた監督が、一呼吸置いて、

「ここで相談なんですけど」と言った。

「第一案の、木島が自分の部屋のベッドから落ちて目が覚めたとするのと、第二案の、教室の授業風景で、木島が授業中に居眠りをしていて、目が覚めたとするのと、どっちがいいですか」

シナリオには、二案が併記されていた。

「第二案の方が、みんなが出られていいんじゃないですか」

「その方が、全員参加の趣旨に合うしね」

第二案採用と決定した。

シナリオの確認が出来たところで、みんなが外を見た。

*

「おっ、少し明るくなってきたんじゃない」

さっきまで、土砂降りだった雨が、小降りになってきたようである。私たちは、窓辺に寄って、西の空を眺めた。

「この分だと、やむぞ」

皆の顔がほころぶ。

そうしているうちに、青空が見え始め、日が差してきた。嘘のような話である。

歩いて十分、私たちが浜辺に着いた頃には、空はすっかり青空に変わっていた。浜辺では、釣り人が二人、盛んに竿を投げていた。しかし、私たちのロケーションに気がついて、何事が始まるのかと、ちらちらとこちらを見ている。

私たちは、ささやかなラブシーンを撮るのである。

雨上がりの浜辺は砂が濡れていて、白川は腰を下ろすところがない。立ちっぱなしでは絵にならない。どこかに腰を下ろすところはないものか。

この浜辺には、あちらこちらに「こわし」がある。こわしとは、台風の時などに、山の木々が天竜川に流れ込んで、それが激流に揉まれ揉まれて、角が取れて丸くなったものが浜辺に打ち上げられたもの。大きな物、小さな物が、あちらこちらに転がっていた。まだ湿ってはいるが、少し気をつければ、座れないこともない。私は、格好のよさそうなこわしを見つけて、

「ここに腰を下ろしたら、どうかな」

カメラマンがファインダーを覗いて、構図を見る。

「白川さんは、ここに。木島は、その辺に立ってくれ」と監督。

雨上がりの浜辺は、足跡がないので、美しい。スタッフは、画面の中に、足跡を入れないように気をつけて、二人の傍らに、近付かない。

「木島、その辺のこわしを拾って、海に向かって投げてくれ」

「よし、じゃあ、それでいくぞ。本番、始め」

木島は、リハーサル通りに演技をする。カメラは回る。

「おーい、今からやるぞ」

木島が、私たちの方に向かって手を振った。

「ば、ばか。もう本番だぞ。そのまま、続けろ」と監督。フィルムは、予算の関係上、撮り直しをする余裕はない。要らないところは、後で切り捨てるだけである。

「よーし、戻ってきて、白川さんの横に座れ」

アフレコなので、大声で指示を送っても差し支えはない。カメラは二人の後姿を撮っている。

白川の長い髪が、風に靡いて揺れている。脚本通りの風が吹いてきた。

「カット。ご苦労さん」

一同、ほっとする。この間、約一時間。さっきまで真っ青に晴れ上がっていた空に、いつの間にか、雲が現れていた。その雲の数がだんだんと増え始め、あれよあれよ、という間に、空一面に広がった。何ということだ。

私たちが荷物を置いたままになっていた助監督Aの家に帰ってきた時には、再び大粒の雨が降っていた。こういうことがあるのだろうか。

三　撮影

次の日は月曜日。スタッフは、早朝から登校して、打ち合わせをした。

カメラマンは、昨日の帰りに町の写真屋に寄って、相談をしてきた。それによると、大切なのは露出であって、この露出の出来不出来で、出来上がりのよしあしが決まるのだという。そのほか、注意すべきことを具体的にこまごまと聞いてきていた。そこで、スタッフは、マイクの手配をしたり、教室の北側からの逆光線の光線を遮断するために、目張りの準備をしたりした。そうしないと、人物の顔が真っ黒くなる恐れがあるというのである。

こうして、監督は、朝のショートホームルームの時間に、皆の前で、撮影計画を発表して、協力を依頼した。

*

映画作りは、出来上がったシナリオを、一度バラバラにして、場面ごとに再構成して、能率的に撮影してゆく。

今日の昼休みは、①シーン、ゲストのキンブル先生の英語の授業の撮影である。

それまでに、教室の目張りを完了すること。ライトを運ぶこと。教室の許容アンペアの確認をすること。HRの生徒全員が早弁をしておくこと等々を指示した。私たちは、ただ監督の指示通りに動くしかない。

私の役割は、空き時間に演劇部のスポットライトのワットを確認しておくこと。監督は、遠慮なく私にも言い付ける。校内の教室の配線状況は、物理の先生が知っていることを突き止めて、聞きに行った。

「先生の教室と、その左側の四教室全部で、十アンペア、右側の三教室全部で、十アンペアになっています」

「えっ、部屋ごとに単独じゃあなかったんですか」

その話をしながら、私は何気なく、右手親指のウオノメをまさぐっていた。するとどういうわけか、ウオノメがポロッと落ちた。(注)

演劇部のスポットライトは、一つ千ワットであった。これを二つ、使うことになっていたので、延長コードをもう一本手配した。

*

昼休みは、最初に、スタッフが廊下を通行止めにした。授業中に、他のクラスの生徒がぞろぞろと廊下を通っては、おかしいからである。

映画のオープニングを飾るキンブル先生は、カメラの前で、普段通りに堂々とリーダーの教科書を読み上げた。見事なものであった。私たちは、まるで洋画の一シーンを見ているようであった。授業終了のベルが鳴り、「起立、礼」の号令で、授業は終わった。

撮影は、昼休み中という予定時間ぎりぎりに、やっと終わった。今度も、一分の映画の画面の撮影に、約一時間が掛かった。皆の顔に、これなら、やっていけそうだという安心感と自信のようなものが漲っていた。

＊

放課後の撮影は、いよいよ私の登場である。

⑭　ラストシーン

国語の授業中、木島が机にうつ伏せになって居眠りをしている。

先生が木島の前に立ち、彼を指差して名前を呼ぶ。

すると、突然、木島が立ち上がり、「僕がやったんじゃありません」と叫ぶ。

教室の中が、笑いで一杯になる。

木島が振り向くと、後ろで佐伯が笑っている。

「なあんだ、夢か」と言って、木島は着席する。

HRは、笑いの渦となり、笑いのうちに、「THE　END」

＊

次の撮影は、①のシーンの後半、帰りのショートホームルーム。

先生は廊下に出て待機し、生徒たちはおしゃべり。助監督Aの合図で、先生は、戸を開けて教室に入る。生徒が静かになって、いつものように、ショートホームルームが始まる。

「伝えることは別にありません。では、当番、スピーチをどうぞ」

その日の当番がスピーチをする。

「連絡は、ないか」

「HR展の費用を一人二百円出してください」と会計係が言う。

「他に？　なければ、終わります」

全く、普段通りのショートホームルームが終わり、机を後ろに運ぶ。

＊

この日の、クラス全員での撮影は終わり。すべてが順調に進んだ。

掃除の後、女子の生徒たちは、「男子の像」の製作に入った。見ていると、教室の掃除用の箒を組み立てて、それに新聞紙をくるくると巻いて、人形の五体にした。これでは、撮影が終わるまで、教室の掃除が出来ないではないか。しかし、まあ、いいか。ここで、小言を言っても始まらない。新聞紙の人形には、パンティストッキングが被せられていた。

「男子の像」には、学生服が着せられ、髪の毛をつけると、本物そっくりであった。出来上がった人形を、床に転がしておくのは、何だか可哀そうな感じがした。

「先生、どこに置きましょうか」

「ロッカーの上なら、どうだろうか」

ところが、次の日、別棟の教室で授業をしていた先生から、

「先生のクラスのロッカーの上に、誰か寝ているんですが、どうしたんですか」

「あ、すみません。お騒がせして。実は」と事情を説明した。これが、思い掛けない宣伝効果を上げた。

女子の生徒たちが、人形作りに励んでいる頃、スタッフは、②と⑨の「木島が一人で、教室で勉強をしている」ところと、④の「窓の外の道路を白川が佐伯と寄り添って、話しながら歩いている」ところを撮影した。

＊

火曜日は、全員が早朝七時半に登校した。⑦「佐伯の死を伝える担任のはなし」の場面である。今度こそ、私が主役の場面である。私は、感情を込めて、大演説をした。

「先生、長い。半分にして」と監督が言う。

リハーサル中、助監督Bが、時間を計っていた。フィルムの長さに余裕はない。監督は、制限時間を言い、その中に納めろという。私は、折角考えてきた原稿を、その場で、ばっさりとカットして、リハーサル。

「じゃあ、先生、それで行きます」

私は、自分でこしらえた台詞をしゃべる。

「今日は、大変悲しい話をしなければならない。(吶々としゃべる)君たちももう、聞いていると思うが、(佐伯の席を見る。席には花が飾られている)昨日の夕方、佐伯君が屋上から飛び降りて死んだ。(生徒ザワザワ)恐らく、自殺だとは思うが、遺書もなかったし、原因も分からない。今日はもう、授業はやめて、佐伯君のために、静かに冥福を祈ることにしたい。(しばらく間)何か佐伯君のことについて、知っていることがあったら、誰か、話をしてくれないだろうか。(しばらく間)」

「遠藤、親しかったようだが」

「はい、親友だと思っていました。でも、自殺の原因なんて、………分かりません」

教室は沈黙。

「石井は確か、家が近所だったよな」

「はい、だけど、……信じられません」

＊

昼休みは、⑧のシーン。昼休みのフォークダンスの撮影である。

カメラマンの曰く、「好きなようにやってよ、僕は、勝手に撮るからさ」

＊

放課後は、⑤のシーン。喧嘩の場面。台詞なしで、アクションだけで見せる、ということで、助監督Aは、演技指導に大活躍。彼は、柔道と合気道の心得があるのだという。この前、そんな話、してなかったじゃないか、と私は思った。

しかし、こうして撮影が進むにつれて、教室の個人面接では知りえなかったような趣味や特技の話が、コロコロと飛び出してくる。私にとっては、映画の出来上がりよりも、こうした「集団面接」の方が面白いと思った。

この後、⑩のシーン。「木島が一人で、階段を登って行く」ところを撮り、続いて、⑥シーン。「木島が佐伯の死体を背負って、屋上に運び、地面に落とす」ところを撮る。普段の屋上は、鍵が掛かっていて、外には出られない。そこで、教頭の許可を取った。学校という大きな組織では、この手続きは不可欠である。無断で何かをすると、必ずトラブルが起こる。四階建ての校舎の屋上は、端に金網があり、外に出るには、その金網を乗り越えなければならない。嫌がる木島と佐伯を金網の外に押し出した。下を見ると、足がすくむ。

「怖いよう。俺、やだよう」

木島は悲鳴に近い声を上げた。それでも、木島はまだいい。佐伯は、屋上の端に寝ろと言われて、「僕、出来ないよう」と言う。そばで見ていた私たちも、無理ないと思った。この撮影は、諦めようかと思った時、

「じゃあ、僕が代わる」と言ったのは、助監督Aである。

「大丈夫か。怖くないのか」

「大丈夫です。僕はスタントマンです。僕がやります」と言って、どんどん端に出て行って、転がったのだ。

「あんまり、外に出るなよ。見ているだけでも怖いよ」

木島の方は、金網につかまって、やっとのことで、立っているという感じである。

「もういい。もういい。落ちないでくれよ。事故があったら、ご両親に申し訳ないから」

カメラマンは、ズームレンズを下に向けて、レンズを動かして、怖さを強調する。

＊

水曜日の朝は、最も重要な撮影である。いよいよ、本番の場面　⑪のシーン。木島が屋上から飛び降りるところである。天気は上々。集まってくるスタッフの顔も明るい。屋上から、人形を落とすのである。やり直しは出来ない。カメラリハーサルを何度か行なって、「ＯＫ」が出た。

「落とせ！」と監督が言った。

人形は、横になったまま、スーッと落ちてきて、あっという間に、下で待っていた私たちの目の前に現れた。人形の落下が、こんなに早いとは思ってもみなかった。

「撮れたか」

「大丈夫です」

人形は、殆ど壊れていなかった。

「じゃあ、念のために、もう一度、やってみるか」

二回目も、全く同じように落ちてきた。

「じゃあ、木島、ここで寝てくれ」と監督が言う。

木島もスタッフも、興奮していた。木島は、地面に倒れ、眼鏡をずらし、監督が顔にケチャップを垂らす。

「やった、やった」

しかし、興奮している暇はない。今日中に、すべての撮影を完了させなければならない。スタッフは、大急ぎで、屋上に行く。怖がる木島は、屋上の金網の外に立って、ためらいながら、白川の写真をビリビリとやる。写真の切れ端が、ひらひら、ひらひらと落ちてゆく。木島は、その写真の切れ端を追いかけるように、屋上から身を投げる。

さっきの、人形の落下の場面の前につながるように、撮影をしなければならない。

「木島、それ、飛び降りるんだ」

「やだよ。俺！」

ここで、朝の撮影の時間は終わった。

＊

昼休みは、予備として取ってあった。しかし、天候に助けられたお蔭で、順調に進み、今日は撮影をしないでもよくなった。放課後までに、何とかして木島を四階の建物の屋上から飛び降りるように納得させなければならない。しかし、まさか、本当に飛び降りさせるわけにはいかない。私は、朝のショートホームルームで、皆に頼んだ。

「どこかに、屋上と同じような背景の場所はないだろうか。ぜひ、捜してほしい」

私自身、空き時間を使って、学校中を見て回った。生徒の昇降口の屋上なら、低いから、飛び降りられるだろうか。下に、高飛び用のマットを敷けばいい。無理に頼めば、陸上部から、借用できないこともない。しかし、少しばかり背景の絵が違う。ここでは、ばれるかなあ。結局、名案が浮かばないまま、放課後になった。

*

放課後、スタッフは、再び屋上に集まって、検討を始めた。カメラの三脚をあちらこちらに立てて、カメラを覗いていたカメラマンが言った。

「先生、ここならいいです。ちょっと覗いてみてください」

「何だ、これは。同じじゃないか」

「同じでしょう。太陽の光線まで、朝の時と同じですよ」

「へええ、こんなところがあったのか」

屋上の北側に、高さ一メートルくらいのコンクリートの台のようなものがあって、その向こうに、金網があった。太陽光線は、朝と同じように、画面の左の方角から差している。遠景は、住宅地で、これといった目立つ建物はなかった。

「見てみろ。見てみろ」

私は、皆を促して確認してもらった。

「木島、ここなら怖くないだろう」

木島もほっとした顔をしている。

「じゃあ、リハーサル、行きます」と監督が言う。

ところが木島は、膝を曲げて、ひょいと飛び降りた。

「駄目だ、それじゃあ。低いって、すぐ分かっちゃうじゃないか」

助監督Aが、下に回って、木島を支える。木島は、放心状態のまま、ばたーっと倒れ込んだ。これで、すべての撮影が完了した。


この後は、現像の出来上がりを待つだけである。今日のフィルムを写真屋に出して、来週の水曜日までは、只管、待つだけである。今はもう、うまく撮れていることを、神様に祈るしかない。

四　編集・録音・上映

次の火曜日の放課後のことである。

「先生、きれいだ、きれいだ。きれいに撮れている」

監督とカメラマンが職員室に飛び込んできた。最初の一本目の現像が出来上がったのである。私はフィルムの冒頭をさらさらっと見た。確かに綺麗である。

「中を見たのか」

「はい、写真屋で」

「浜辺で、木島が僕たちに向かって手を振ってたでしょう。あすこは、ちょうど白川さんに向かって手を振っているように見えて、そのまま使えますよ」

「それはよかった」

私は編集用のスプライサーを持ってきて、編集のやり方を教え、

「じゃあ、編集の方は頼んだぞ。任せたからな」

水曜日には、彼らは、他のもすべて綺麗に出来たという報告を寄越して、後は、写真屋で編集用の器械を借りて編集をしたという。

「夕べは、十時まで掛かりました」

＊

木曜日は、まず関係者だけの試写会をして、いよいよ録音に入ることになった。音楽担当の中に、放送部員がいたので、放送部のスタジオを借りた。台詞のある役者が全員、狭いスタジオの中に犇めいた。台詞は、フィルムの中の口の動きを見ながら合わせてゆく。しかし、画面とシナリオの両方を見ながらやるのは、思っていたよりもむずかしかった。台詞が短くて、ぽつぽつと切れているくらいの方が、アフレコは易しいと思った。ゲストのキンブル先生を始め、皆は、実にうまかった。

「ようし、これで出来たぞ」

見事な出来栄えに惚れ惚れして、一同、満足顔である。台詞を入れ終わった時、夜の八時を過ぎていた。

文化祭は、明日の金曜日から三日間となっていた。やっとのことで間に合った。

「それじゃあ、もう一回見て、今日はこれで終わりにしよう」

そこで、もう一回上映をした。ところが、どうしたわけか、音がずれているのだ。

「おかしいなあ。どうしたんだろう。さっきは、確かに合っていたぞ」

「じゃあ、もう一回、見てみようか」

ところが、回数を重ねるにつれて、音は、ますますずれてゆく。

「こりゃ、駄目だ。どうしよう」

明日の金曜日の日程は、最初に開会式があり、次に恒例の映画会が行われる。そうして、午後は、文化祭の準備の時間となっていた。

「今日は、ともかく、これで終わろう。もう九時になる。今夜一晩、どうしたらいいかを、みんなで考えてこよう。そうして、明日、改めて作り直したって、一般公開の時間に間に合うじゃないか」

次の日、開会式が終わると、関係者は、映画会はそっちのけにして、国語研究室に集まった。昼間の時間は、放送室が使えないからである。最初に、昨日のフィルムをもう一回見た。しかし、音がずれていることは、昨日と変わりなかった。

「じゃあ、もう一回、アフレコをやり直そう」

出来上がったものを、もう一回、上映してみた。最初、確かに合っていたものが、上映していると、だんだんとずれてゆく。

「駄目かなあ。だけど、なぜだろう」

議論の末、結局、分かったことは、フィルムの膨張率とテープの膨張率が微妙に違うのではないか、ということであった。

「じゃあ、どっちが早いんだ」

「フィルムの方が早いです」

「それなら、出来るんじゃないか。フィルムが早いんなら、フィルムの方を途中で、時々、止めて、テープがフィルムの画面に追いついたら、またフィルムを回すってことで、この場は、切り抜けることにしよう。ただね、あんまり長い時間、止めていると、フィルムが燃えてしまうらしいから、映写技師の責任は、重大だぞ。いいか」

こうして、やっとのことで、録音の最終版が出来上がると思った瞬間、研究室の電話のベルが鳴った。

「先生、お昼が届きました」

事務室から電話が掛かってきたのである。

「先生、初めからやり直しましょうか」

「もういい。録音なんだから、電話の前のところで切って、そこからやり直そう」こうして、映画「殺しのバラード」が出来上がった。

＊

午後は映画館の準備をした。と言っても、大袈裟な仕事ではない。会場として借りた生物教室に暗幕を張って、スクリーンを設置した。これで終わりである。他のどんな会場よりも簡単である。クラスのメンバーを全員集めて、試写会をした。

「よく出来た」

これが私たちの感想であった。しかし、身内がそう思っても、他人が認めてくれるかどうか。これもまた、全員が抱いた不安であった。

「先生、どうせ、見てくれっこないから、二十人も入ったら、札止めにします」

「おい、ちょっと待ってくれ。これだけいいものが出来たんだから、見たい人がいたら、出来るだけ大勢、見せてやってくれよ」

「先生、本当に見てくれますか」

「大丈夫だ。僕が保証する」

この後、映写技師は、ズレをごまかす練習に専念する。宣伝係は、ポスターを校内のあちらこちらに貼って回る。

土曜日の午後から、一般公開であるが、私は、バドミントン部の県大会があって、選手を引率して、そちらに行かなければならないので、一般公開に立ち会うことが出来ない。

しかし、県大会の方は早めに負け、試合は、土曜日一日で終わった。

＊

日曜日に、学校に出て行ったところ、クラスの生徒がやってきて、

「先生、すごい、すごい。すごい人気だよ」

「どんな様子だった」

「大入り満員で、札止めだよ。先生、嘘だと思ってるら」

「ら」は方言である。「でしょう」を意味する。生徒たちは、会議の場面では、共通語でしゃべるのだが、くだけた普段の会話では、途端に方言になる。

「そんなこと、思うもんか。言った通りだろ」

「でも、先生、どうして分かったんですか」

「いいものはいい。当然のことだ」

生徒は、嘘ばっかりという顔をして、私の顔を見る。

実は、この映画は、ずいぶん観客に助けられた。というのは、肝心の身投げのシーンになると、観客の女子学生たちが決まって、「きゃー」と悲鳴を上げた。その効果がすばらしかった。真実味が出てくるのだ。本当にありがたいと思った。私たちとしては、予想外のことであった。こうして、二回、三回と見てくれる人まで現れ、そういう観客たちが学校中を宣伝して回って、二日間で

都合十二回上映し、観客動員は、延べ千五百五十三人に達した。この数字は、体育館公演の観客動員数を遥かに越えていた。そのお蔭で、生徒会は、即座に「文化祭賞」を設定し、第一回の受賞が決まった。

＊

学校では、一般公開の前に、展示物はすべて点検を受けることになっていた。本物の映画なら、映倫に相当する。その映倫の担当者が、私の隣で見ていた。屋上からの身投げのシーンの時、

「おかしいな。屋上から落ちて、助かるはずはないのに、トリックのはずなのに、分からねえなあ」

と何度も首をかしげていたのが印象的であった。

映画のコツは、恐らくここにあるのだろうと思った。要するに、映画は、トリックなのだ。種と仕掛けをどう仕込むか。これが、映画の命なのだろうと思った。

五　助監督のはなし

最後に、私は、助監督のはなしをどうしても書き留めておきたい。

しかし、今まで、監督の次に、何度も書いてきた助監督Aのことは後にして、ここは、この映画製作のすべての場面に立ち会っていたのに、この文章の中では、一度しか触れられなかった助監督Bのはなしを先にしたいと思う。

その一度とは、⑦のシーン、「佐伯の死を伝える担任のはなし」の撮影のとき、私が一回目のリハーサルをした後、監督が、「先生、長い。半分にして」と言った。そのとき、計時係として登場しただけであった。

彼女は、計時・記録を担当していた。監督は、彼女の記録に基づいて、撮影計画を立て、編集をした。もしも彼女の支えがなかったなら、これほど、手際よく、この映画が出来上がったとは思えない。

初め、私は、彼女が何をしているのか、知らなかった。監督の横にいて、ただニコニコと見ているだけであった。だから、特に何かをしているようには見えなかった。

ある時、数字がベタッと並んだ彼女のノートを見て驚いた。

「これは何だ」

「はい、記録です」

彼女は簡単に答えた。しかし、その時は、そういう役割があったのかと思っただけで、その役割の重要さに気がついたのは、すべての仕事が終わった後だった。

クラスの生徒たちは、撮影に当たって、見事に役割の分担をした。自分の役割を決める時、自分の趣味や特技を生かしたようである。そうして、十七、八歳のその日までに蓄積してきた自分の文化的財産を惜しげもなく提供し、映画製作のために協力をした。監督は、その文化的財産を集約し、組み立て、一編の映画を編み上げていったのである。

しかし、監督一人で、それが出来るわけではない。映画作りは、総合力である。

もしも監督が一人で何でもやりこなす実力者だったら、あのクラスのメンバーは、誰一人付いてゆかなかったと思う。そういう兵（つわもの）たちの集団であった。しかし、彼は、幸いにして、実力者タイプの男ではなかった。この文章の中では、少し格好良く書き過ぎたかもしれないと私は思う。むしろ、仲間たちに、あの男なら、助けてやるしかないじゃないかと思わせるような、ある種の母性本能のようなものをくすぐるような才能を持っていた。こういう、曰く言いがたい人間関係を、私は面白いと思った。

それに対して、助監督Bは、縁の下の力持ちが自分の性に合っていることをよく知っていた。皆の前では何時もニコニコしているだけなのだが、ニコニコしながら全体像を把握していたのではないかと思う。私は、これもまた、不思議な才能だと思う。

その点では、助監督Aも、同じであった。非常に行動的な男であったけれども、自分が主役でないことをよく知っていた。彼はむしろ、補佐官としての自分の分を大切にして行動していた。

私は、助監督Aと助監督Bの二人に聞いた。

「君たちはなぜ、助監督のような、裏方を引き受けたんだ」

「私たちは、みんなのように、趣味も特技もなかったものですから、他の仕事は出来なかったんです」

この考えは、二人に共通していた。

私は、この二人の言葉から受けた感動を今も忘れない。なぜなら、この言葉が、その後の、私の人生観を決めたように思われてならないからである。

これを、人生の転機というのだろうか。

しかし、私は、助監督Aのように、行動的ではない。また、助監督Bのように、緻密でもない。元来が不器用な男である。他の人と競争をしたら、同じことが出来るわけがない。それなら、自分に出来る範囲のことをやればいいのではないか。助監督のような生き方が出来たら、私も世の中の役に立つ仕事が見付けられるのではないか。そう思ったら、急に気持ちが楽になった。

私のように、スターでない人間は、無理にスターになろうとして、「あすは檜になろう」と生きてゆくことはない。それよりは、むしろ、優秀な補佐官になろうと思ったのである。世の中には、いろんな人間がいることが大切であって、皆が皆、スターを夢見ることはない。世の中には、補佐官という役回りも必要なのだ。

あら、遠慮深いのね、ということなかれ。この役回りは、世の中の「潤滑油」になる、ということなのだから、遠慮深さだけでは、やってゆけない。そうして、「潤滑油」だと考える限り、私たちが、例え、どこの社会に所属していたとしても、人々に仕えるという意味において、全く同じである。仕事とは、仕える事と書くではないか。

*

例えば、今、私は、教員を停年で退職し、毎日、神職として神社に奉仕している。その場合も何一つ、変わらない。神社では、主役はご祭神の神様である。私どもは、只管、神様にお仕えする。その意味において、神職の毎日の仕事は、神様を補佐し、神様の神威の高揚を図ることが第一の任務である。神様の前で、人間は、出しゃばってはいけない。

そういう風に考えると、例えば、お店を経営している人は、お客様を、神様だと思えばいいと言う。しかし、お客様の方は、自分は神様だと威張ってはいけない。世の中の人々が皆、世のため人のためにお仕えしようと思うのが肝心であって、そうなれば、私たちの毎日の暮らしは、間違いなく穏やかになる。

＊

ところで、もう一人、肝心な生徒がいた。皆が好きなことをやって、それを映画に撮ったらどうか、と提案をした生徒である。

ある日、後輩の指導に、体育館にやってきた彼を見つけた。そう言えば、あの映画の製作中、彼の姿をあまり目撃しなかったことを思い出して、彼に聞いた。

曰く、「監督が二人いたら、映画が出来ないでしょうが」

と言って、彼は、へらへらと笑った。


（おしまい）

（注）『堪忍袋　人は何のために生きるのか』（文芸社）「巻第四　ウオノメ物語」参照。

巻第五　教育相談にとって広報活動はいかにあるべきか

はじめに

私は、教員生活が終わりに近づいた頃から、命ぜられて専ら、「教育相談室」を担当してきた。本当は、私にとって適した仕事だとは思わない。しかし、何度か話があり、その度に断わり続けてきたのだが、それも諦めて、引き受けてしまったのである。それが、よかったのかどうか。ただ、その間、ずっと考え続けてきたことは、「教育相談にとって広報活動はいかにあるべきか」ということであった。

そのことをここに記し、皆様のご理解を得たいと思う。

もしも皆様の、建設的なご意見が伺えるなら、大いに幸せである。

一　(1) 理想

教育相談にとっては広報活動はしないのが理想である。

なぜなら、昔から、「桃李もの言わざれども、下おのずから蹊をなす」と言うではないか。宣伝活動などしなくても、人格者のところには、自然に人が集まってくる。だから、せいぜい、クチコミで伝わっていくくらいがいいのである。

一　（2）守秘義務

広報活動をしない方がいいという理由が、もう一つある。

教育相談にとって最も重要なことは、「守秘義務」である。だから、もしも広報活動をするとしたら、よほど気をつけない限り、守秘義務に抵触する恐れがあり、それを避けるためにも、広報活動はしない方がいいというわけである。

教育相談という係は、「相談内容は決して公表してはならない」という秘密を守る義務を、その前提として持っている。だから、仮に広報活動をしたとしても、「相談内容そのものの公表」をしてはいけないのだ。もしも、それに違反して、秘密を漏洩したら、それは自殺行為である。

具体的に言えば、私ども公立学校の教員の場合は「地方公務員法」第三四条①「職員は、職務上知り得た秘密を漏らしてはならない。」という項に抵触し、もしも違反した場合は、その罰則は、第六〇条「一年以下の懲役又は三万円以下の罰金に処する。」ということになる。また、第三四条には、「その職を退いた後も、また同様とする。」という但し書きが付いているので、守秘義務は一生の義務である。

ところで、私どもは神社の神主を兼務している。そのため、取材源が宗教上の秘密事項に相当する場合は、「刑法」第一三四条②「宗教、祈祷若しくは祭祀の職にある者又はこれらの職にあった者が、正当な理由がないのに、その業務上取り扱ったことについて知り得た人の秘密を漏らしたときも、前項と同様とする。」という項に抵触する。なお、前項とは、①の「医師、薬剤師、…弁護士」の場合であって、その罰則は、「六月以下の懲役又は十万円以下の罰金に処する。」とある。だから、もしも私どもが、生徒、またはその保護者、あるいは氏子崇敬者たちとの相談活動に基づいた相談事例を、これは面白いと、広報紙に「事例報告」として掲載したとしたら、これはもう立派な犯罪である。ただし、「刑法」の場合は第一三五条に「告訴がなければ公訴を提起することができない」とあり、親告罪であることが明記されているので、本人の告訴がなければ、犯罪としては成立しない。

一（3）秘密漏洩教唆

ところが、かつて、「ある人」から、「先生、『堪忍袋』に事例報告も載せてくれませんか」と勧められたことがある。『堪忍袋』とは、私どもの教育相談室の広報紙の名称である。もしも、その人の言うことを聞いて、私どもが事例報告を掲載したとしたら、その人は、犯罪教唆をしたことになるのではないだろうか。私の場合は、主犯なのだろうか、共犯なのだろうか。もしも告訴をされたら、その人は、どのように責任を取ってくれるのだろうか。

いずれにしろ、私どもが大して考えもせずに、人の口車に乗せられて事例報告をしたなら、それは明らかに教育相談の任務を放棄したことになるのである。法律上はともかく、倫理上許されないことである。

秘密漏洩は、少なくとも、一人前の人間の行なうことではない。

一　(4)ア　専門家の現実

確かに、専門家の中には、「相談内容は秘密にします」と言いながら、そのくせ、相談内容のすべてを、カルテに記録するのは、まあいいとしても、ちょっと面白い結果が出ると、「発表してもいいですか」と本人に許可を求める人もいるようである。学問の進歩のためだからという理由で依頼されれば、求められた方は、この先生は、良心的だと思うらしく、大抵は、「お役に立つなら、いいですよ」と許可してしまうものらしい。しかし、これは、「刑法」第一三五条を援用して、犯罪の成立を回避しているだけかもしれないと言ったら、意地悪な解釈であろうか。

一 (4) イ　私どもの現実

私どもはカウンセリングの専門家でもないし、また、なろうとも思わない。そこで、一切の記録は取らない。忘れてしまえば、発表のしようがない。

ただ、困るのは、各種の機関から、相談件数を聞かれたときである。私どもの理屈を並べて、拒否することも出来るのかもしれないが、そんなことをしたら、かえって大袈裟で面倒なので、何時も当たらず障らずの対応をしてお茶を濁している。黙って回答さえしておけば、問題にはならないからである。

しかし、相談件数の問い合わせで、最も困るのは、生徒との対話の場合、これは相談で、これは相談ではないという線をどこで引いたらよいのか、全く分からないことである。そういう意味でも、相談件数の問い合わせは困るのである。

こんなことがあった。一年間ほとんど毎日、相談室に遊びに来ていたけれど、全く相談の素振りも見せなかった一人の生徒が、ある日突然、大問題をぶつけてきて、ああ、そのためであったのかと納得したことがあった。恐らくその生徒は、私が何も聞かなかったので、用件を切り出しようがなく、そのまま相談の機会を失してしまい、一年ぶりで、やっとその機会に巡り合ったのであろう。向こうもほっとしたかもしれないが、その気持ちはこちらも同じであった。

こういう場合、前年度の統計資料には、もう相談件数としては入れられない。しかし、その生徒にとっては、前年度から本当は相談に来ていたのであり、その意味では、統計数字は厳密ではない。しかし、統計数字というものは、本来が参考程度のものなのだから、傾向が分かるだけでも、大いに意味があるのだと理解し、その程度の意味しか持たないのが統計数字なのだと割り切ればいい。

二　(1) ジレンマ

教育相談室は環境のいいところに置かれるのが望ましい。ところが、諸般の事情から、なかなかそういうわけにはいかない。だから、担当者が黙って座って待っていても、人は集らない。現実は理想通りにはいかない。

そこで、広報活動をしようとすると、途端に「ジレンマ」に陥る。

すなわち、教育相談とは、守秘義務と表裏一体の関係を持つので、元来が広報活動とはなじまない。ところが、本校における教育相談は、誕生からまだ日が浅い。いわば新設の任務である。そこで、この任務のことを広く理解してもらうために、どうしても広報活動は欠かせない。もしも広報活動をしないで相談室の中で黙って待っていたら、まるで「座敷牢」に閉じ込められたような感じになる。

それでも、問題のある生徒が誰もいないから来訪者が来ないというなら、よい。しかし、もしも理解されていないために来訪者が来ないのだとしたら、係の怠慢ということになる。

そういうわけで、広報活動は、やはり必要なようである。

二　(2) 誰に向かって語り掛けるのか

まず、相談室にやってくる生徒に対しては、もはや広報活動の必要はない。なぜなら、すでにおしゃべりの相手をして、すなわち、相談に乗っているのだから、その意味では任務が進行中であり、広報活動をするには及ばない。ということは、相談室にやって来ない生徒とその保護者に向かって語り掛けるものなのである。

例えば、担任からの依頼で、登校拒否の生徒の家庭を訪問することがある。そういうとき、事前に、担任から簡単な説明をしてもらって出掛けるのだが、そのとき、よく、私どもは、『堪忍袋』のコピーを持参することにしている。家庭に着いて面接が始まっても、大抵は、「お前なんかに用はない。さっさと帰れ」という冷たい顔をされる。話をするどころではない。それはそうだろう。その生徒にとっては、私は、全くの部外者であって、話をすることがないのは、無理もない。そういうときは、長居は無用である。私は、持参したコピーをそっと渡して、「もしよかったら、読んどいて」と言って、さっさと帰ってくる。

たった、それだけのことなのだが、次に行ったときには、生徒も家族も信じられないほど多弁になって、会話が弾むことがある。少なくとも、部外者ではなくなったのである。だからといって、その生徒がすぐ学校に復帰するほど、物事は簡単ではない。しかし、まず会話が弾むことが第一歩なのである。

二　（3）ジレンマを解く公式

「相談室にいらっしゃい」とか「相談室は、ここにあるんですよ」と言ったり書いたりしているうちは、守秘義務に触れる恐れはない。しかし、いくらなんでも、そんなことを一年中、繰り返しているわけにはいかない。最近は、その件については、『生徒手帳』に掲載してもらったので、用がなくなった。したがって単なる案内号なら、一年に一回書けば十分である。

そこで、ちょっとでも工夫したものを発行しようとすると、守秘義務と広報活動というジレンマが顔を出す。世間ではこういうとき、「どちらか一方を諦めろ」という。どちらを諦めたらよいのか。そういうときは、論理学という学問が助けてくれる。すなわち、「ジレンマを解く公式」に、

「原因は前提条件の誤謬にある」というのがある。その前提条件とは何だったのか。

「教育相談」は元来、「守秘義務」と抱き合わせで存在するものというのが前提条件である。しかし広報活動をやめるわけにはいかないというときは、この前提条件にメスを入れなければ、問題は解決しない。そこで、教育相談から守秘義務を分離し、守秘義務に抵触することのない資料だけを用いて発表する形式を工夫すればよい。これなら、決してジレンマは起こらない。これが論理学の教えだったのである。要するに、「守秘義務をクリアーすればよい」のである。

二　(4) 専門家の方法の分析

では、専門家はどうやって守秘義務をクリアーしているのだろうか。

心理学にズブの素人としては、素人が読んでも理解できる程度の参考文献を探し出して、読んではまた考え、考えてはまた読む。これの繰り返しであった。自分の未知の分野の学習は、面白くもあり、また、もどかしくもあった。ただ、私どもも国語科教員の端くれである。そういう学習方法そのものが現代文の教材研究の方法なので、その点では、いまさら恐れることはない。しかし、ものを眺めるときの視点は、専門家とは随分異なる。その点は、ご理解をいただきたい。

私の興味は、発想法や論理の組み立てにある。次の分類は、そういう視点から眺めたものである。

三　(1) 一般化による理論

まず第一は、問題を個人的な事柄から切り離して一般化させ、すなわち、具体的な記述を一切やめて抽象的なことだけを書き連ね、一つの理論として構築してゆく方法である。この方法なら、守秘義務の問題は解決できる。しかし、科学的な理論というものは、具体的な根拠を提示して、それが他人にも検証できてはじめて認められるというのが原則である。

ところが、カウンセリングでは、守秘義務を遵守するかぎりは、具体的事例を公開することができない。根拠となるものを公開しないかぎり、それは科学的とは言えない。また一般読者にとっても、単なる抽象的な理論は面白くない。分かる人だけに分かって、分からない人には分からない、ということになるからである。

そこで、専門家は考えたようである。例えば、統計処理を施すのである。統計数字は直接の根拠にはならないのだが、多くの資料を調べて、それに基づいて、私は、こうした見解を発表するのだから、これを、〈根拠〉として認めてほしいというニュアンスで記述するのである。しかし、物事には必ず一長一短がある。この方法の欠点は、数字が本来の意味を離れて一人歩きをすることである。

三　(2)　類型化による理論

第二は、第一種の変種で、類型化によって理論化する方法である。

例えば、本校で実施しているクレペリン検査は、精神科学研究所という研究所が例年、数十万人、それを過去三十数年間にわたって行なってきた。その筆記資料の蓄積と、臨床検査に基づく資料の蓄積とによって、その人の性格を分析し、分類して、その人の持ち味を判定している。

こうして、一人の生徒が、過去における無数の資料の蓄積による裏付けによって、ある種のタイプの生徒と同一延長線上にあるということが判定されるのだ。だからといって、その生徒が、過去に存在した同じタイプの生徒と同一かどうか。疑問符を付けつつ吟味して見てゆくことが重要である。なぜなら、タイプはあくまでもタイプであって、具体的な人間そのものではないからである。したがって、具体的なことについては、担任の先生は、その生徒との面談を通して、例えば、「先生、少し違うように思うんだけど」「どこが違うんだ」などというように修正を施しながら、読んでゆくことで、分析の資料が生きてくる。単なる盲信は、科学的態度ではない。世間では、そういうのを迷信と呼ぶ。

また、既に発表され、守秘義務の問題がクリアーされた文献を、資料として記述する方法がある。例えば、フロイトが、ギリシャ神話に登場するオイデプス王の物語を引用して、それに代表されるものを「エディプス期」と呼んだという類のものである。

天才の精神分析といわれるものも同様である。それが、ある特定の作家を対象としたもの、例えば、「漱石の精神分析」という場合には、文学研究家が行なっている作家研究と、どこがどのように違うのだろうか。精神科医や心理学者が行なう神話や天才の研究は、実は、あくまでも守秘義務の隠れ蓑としての研究であって、作家そのものの研究とは、どうも性格を異にするもののようである。

例えば、一人の精神科医が、ある人の治療に当たり、そのカルテを保存していたとする。しかし、その精神科医が、それをそのまま、発表することはできない。「刑法」第一三四条に触れるからである。ところが、こういう場合、同じような病歴を持つ、天才的な作家の、既に発表された作品、または日記・書簡等を資料として分析し、それを発表したとすれば、自分の患者についての研究を公表するわけではないから、問題は全くない、という具合である。あたかも神話や天才を比喩として用いているわけである。

専門家はこのようにして、各種の資料を駆使することによって、守秘義務に抵触することを避けている。天才の精神分析が本来の目的なのかどうか、それは分からない。

三　(3) 本人の了解を取りつけること

第三は、相談者が現れると、最初にこの事例を発表してよいかどうかを聞くのだそうである。もしもそのとき、本人の了解が得られるならば、守秘義務の問題はクリアーされる。刑法第一三五条である。うまい手を考えついたものだと感心する。しかし、これでは、相談者は単なる実験材料ではないのか。

私自身、大学の講座で、実際のカウンセリングの録音テープを聞いたことがあった。その時は、それがどういうものか、深く考えてもみなかったのだが、その後、その先生自身の講演筆記を読んで、それを知った。日本のカウンセリングの学問は、その先生の録音テープから、始まったのだそうである。

三　(4) 匿名による方法

第四は、話題の人物を匿名にして、例えば、「A君は、…」と書いて、守秘義務の問題をクリアしようとする方法である。この方法は、教育相談技術の演習として行なわれることが多い。しかし、これは、本来、内部資料としてのものであって、外部に発表する資料としては、危険が多過ぎる。まして、「学校カウンセラー」が、このような発表形式を用いて、同じ学校の中で、それを公表したら、たちまち、狭い学校の中である、「A君」がどこの誰かがすぐに分かってしまう。要するに、匿名が匿名にならないのである。学校カウンセラーとしては、最も危険な方法である。

まさに犯罪そのものではないのか。私どもはそのような疑問を持つ。

しかし、現実には、この方法でしか表現できない場合もあるので、私どもは、頭が痛い。ひょっとしたら、時効が認められるのではないかと思い、調べてみたのだが、「地方公務員法」の場合は、守秘義務に時効はない。ということは、秘密は墓場の中まで持って行けということであろうか。

まずは、本人の了解を取るのが最も賢明な方法であるようだ。

似たような例はいくらでもあるのだから、了解が得られなかった場合は、その人の事例を用いることは諦めて、別の事例を探し、もしもその人から異議が出た場合は、別の事例なのだと、開き直るしかないのであろう。少なくとも、告訴だけは避けられるように、日頃から人とは仲良くしておくに限る。

第五は、「精神鑑定書」である。これはもう飛び切り面白い。

しかし、これが果たして、守秘義務をクリアーしたものなのかどうか。

私は最初、これを内村祐之編『日本の精神鑑定』(みすず書房)で読んだ。「監修のことば」によると、「刑事事件の被告人が、事件を起こした当時と、現在すなわち裁判時とに示す精神状態の鑑定である。」という。また、福島章著『精神鑑定とは何か』(講談社)によると、「裁判官や検察官から精神医学者や心理学者に対して、〈精神鑑定〉や〈心理鑑定〉という形で、専門的な探究が依頼される…」と言い、更に精神鑑定書の書かれる過程が具体的に、かつ詳しく語られ、文学研究家による作家研究と比べても、全く差異がないほどの人物研究のように思われた。

ただ、少し気になったのは、『日本の精神鑑定』の場合で、すべて実名入りであり、かつ、非常に具体的な記述であったことだ。こんなに詳しいものを一般の書物として出版していいのだろうか。奥歯にものの挟まったような、もどかしい文献を目にしてきた者としては目が覚める思いがしたからである。

一体刑事事件の被告人には、プライバシーはないのだろうか。守秘義務はどこへ行ったのだろうか。精神鑑定書の場合は、特例なのだろうか。もしそうなら、なぜ、これだけが特例なのだろうか。

そこで、もう一度、六法全書を繙いた。

「刑事訴訟法」第一四九条【業務上秘密と証言拒絶権】の但し書き「但し、本人が承諾した場合、証言の拒絶が被告人のためのみにする権利の濫用と認められる場合（被告人が本人である場合を除く。）その他裁判所の規則で定める事由がある場合は、この限りでない。」によるのであろうと思われる。

また、「刑事訴訟法」第一二章　鑑定　第一六五条【鑑定】「裁判所は、学識経験のある者に鑑定を命ずることができる。」とある。

刑法及び刑事訴訟法は、読み出すと、なるほど面白い。しかし、深入りすることはやめておこう。私どもには似合わない。法律ではなく、倫理で物事を考える方が似合っていると思われるからである。但し、あと一つだけ引用することは、「刑事訴訟法」第二三五条【告訴期間】①「親告罪の告訴は、犯人を知った日から六か月を経過したときは、これをすることができない。」とあるのは、刑法の場合の時効のことをいうのであろうか。

要するに、専門家が裁判所からの依頼で、作成した精神鑑定書は、公表することが許されているのであろう。しかし、素人が、それをすることは、認められてはいない。

三　(6) 小説

第六は、小説にすること。

ごく大雑把ではあるが、守秘義務に対する心理学者、精神科医の対応ぶりを見ていて、その誠実さに対して敬意を払う。それとともに、言いたいことが言えないもどかしさが痛いほど伝わってくる。このもどかしさをクリアーするために残された道は、虚構による小説にすることだけなのであろうか。

心理学者、精神科医の中には小説家に転ずる人が少なくない。言いたいことが充分に言えないもどかしさをクリアーするには、小説にするのは、一つのよい方法なのであろうと思われる。因に、最近の福島章氏は、専ら小説化を試みているように思われる。

四　(1) 私の場合は「手紙療法」

いよいよ私の場合について話す番がやってきた。

私どもは、昔は、特定の個人に宛てて、手紙を書いていた。

登校拒否の生徒の家を訪ねて、本人との面接を重ねていたら、ある日のこと、いきなり、本人が

「先生なんて、僕のこと、何にも分かってない」と怒り出し、それを見ていた家族が、「先生にこれ以上、失礼なことがあっては申し訳ないから、もう来ないでください」と、家庭訪問を拒否され、だからといって、ほっておくことも出来ず、やむを得ず、手紙を書くことにしたのである。彼からは、全く返事は来なかった。

しかし、それでも諦めずに手紙を書き続けた。「これ以上、休みが続くと、もう進級出来ませんよ」という事務連絡も、手紙で書いた。リミットを越えた次の日の夜中に、電話が来て、

「明日から登校したいんだけど、進級は出来るんでしょうか」

と言った。まさか、もう駄目だから登校するな、とも言えず、

「出席時数は足りないけど、本当に一日も休まずに出て来るんなら、他の先生に話して、進級出来るように頼んでみましょう」と答えた。外交辞令である。しかし、内心では、一日も休まずに、出てくることはあるまいと思っていた。だから、私の方が、約束を反故にするような事態が発生するかもしれないということは全く考えなかった。

ところが、彼は私の言葉を信じたのだろうか、一日も休まずに登校してしまった。困ったのは、私の方である。「あれは外交辞令でした」では済まないからである。学年主任に相談したところ、「駄目だ、駄目だ。三分の一をオーバーしたら、進級できるわけがないじゃないか」でおしまい。

学年主任が頼りにならないときには、どうしたらよいか。そのころは、まだ、どこの学校にも相

談係というものはなかった。困った挙げ句に、校長のところに行った。

校長の曰く、

「三分の一っていうのは、法定時数じゃあないよ。校長会の申し合わせなんだ。だから、法律としての効力はない。まあ、目安ってところだね。だけど、一時間か二時間でしょう、足りないのは。それだったら、担当の先生にお願いして、付け忘れてもらった方が簡単なんじゃないかな」

「えっ、そんなのアリですか。分かりました。付け忘れてもらいます」

言うまでもなく、彼は無事に進級出来た。しかし、あの時の経験は大きかった。

教育相談の係を命じられた時、まず第一にその時のことを思い出した。しかし、広報紙『堪忍袋』を思い付くまでには、それでも数年が経過した。守秘義務の問題がクリアー出来なかったからである。

私は悩んだ。本当は、今でも悩み続けている。

守秘義務に抵触しない広報紙の発行には、全くお手本がなかったからである。

守秘義務をクリアーするためには、小説による表現は一つの方法である。あるいは、一番よい方法かもしれない。しかし、私に小説が書けるだろうか。嘘っぱちを並べても意味がない。いかにも本当らしく、だが、全く架空の人物を設定した上で、小説を構築することができるだろうか。

「お前の書いた小説なんて、読めるものか」

と陰の声が言う。私が書くんだから、嘘っぱちよりも、あったことをそのまま書いた方が面白いのではないか。そう思って、今までずっと随筆として書き続けてきた。無理をしないで、このままの随筆の文体で書き続けた方が、私にとっては書きやすかったからである。

私は考えた。まずは、自分自身のことから書き始めよう。これなら、誰からも守秘義務違反だという批判を浴びることはない。極めて単純な発想である。

私の『堪忍袋』は、こうして始まったのである。

そういうわけで、これまでの『堪忍袋』には、生徒または保護者の登場を避けてきた。だからといって、相談に関することを書かなかったわけではない。守秘義務に抵触しないように、細心の注意を払って、むしろ積極的に書き込んできた。あるいは、忍び込ませてきたといった方がよいかもしれない。

「面白い。これからも大いに続けてほしい」と励ましてくれる人があるかと思うと、一方で、「単なる随筆じゃあないか」と批判する人もあって、私はニヤリと笑って、聞き流すしかなかった。しかし、私は心秘かに、（これで、秘密だけは守られたようだ）と安心をしていた。

ところが、「教育相談とは何の関連もない、単なる随筆か私小説じゃないんですか」という厳しい質問、あるいは叱責が飛び込んだのである。色んなことをいう人がいるものだとは思ったけれども、いつものように、「守秘義務の問題があって、詳しくは説明できないんですが、それで、いいでしょうか」と答えたところ、その人は納得をしない。

それを聞いて、また、私は考えた。ひょっとしたら、同じような疑問を持つ人が、その一〇倍くらいはいるのではないか。それなら思い切って、守秘義務に抵触しない範囲で、もう少し詳しく説明をしておいた方が賢明ではないかと。

四 (2) 私のカウンセリングの実例

そこで、『堪忍袋』の中から、「福寿草の話」(注)を用いて、私のカウンセリングの実例を説明しておきたい。

なお、文中の A B 等は、守秘義務の関係で、伏字にした。字数もまた伏せた。この空欄には、生徒の相談事例が挿入されているのだとお考えいただきたい。

ある日、一人の生徒が相談室に入ってきて、

「相談したいことがあるんですが、今、いいですか」と言った。

「はい、どうぞ」と、私は椅子をすすめた。

「実は、 A なんですが」

私は［A］の件について、事情が飲み込めるまで、いくつかの質問をした。およその事情が理解できたところで、「では、君はどうしたいと思っているの」と聞いた。

「はい、［B］したいと思っているんですが」

こういうときの生徒は、大抵は答えを用意している。私は、彼が［B］することによって、将来、後悔することがないかどうかを頭の中で考え、本人の意思を確認した。生徒の悩みも、実はこの点にあったようで、急にさっきまでの答え［B］がぐらつき始めた。これが悩みというものの本来の姿ではないかと思われた。

こういうとき、私は補助線［C］を引く。ここで、「福寿草の話」をしたのである。

その要旨は、次の通り。

ある年のこと、埼玉県に職員旅行をした。その時、仲間の一人が伯母さんの家に寄って、「お土産にどうぞ」と言って福寿草を一株ずつ分けてくれた。その時の伯母さんのいわく、「半日陰のところに植えてください」と。半日陰とは、朝日だけを当てて、日中の太陽を当ててはいけないということなのだという。伯母さんの家では、ドウダンツツジの根元に植えられていた。それまでは、植物は須らく日向を好むものだとばかり思っていたので、この言葉は、私にとっては驚きであった。

学校では、一般的に言って、太陽の下ですくすくと育つ、ヒマワリのような生徒が望ましい生徒だと思われている。しかし、大勢の中には、半日陰でないと、死んでしまうような生徒だっているのかもしれない。みんながみんな、同じような生活をしなければならないというわけではない。
「君の場合は、ひょっとしたら、半日陰の方がいいのかもしれないね。違うかもしれないけど」

およそ、このような話をしたのである。

カウンセリングでは、一切の指示をしないで、本人が決断するまで待つべきだという学派がある。しかし、私はそうは思わない。ただ黙って待っているだけよりも、何か、例えば、せいぜいバックミュージック程度の軽い話でもいいから、話をした方がいい。相談者はその話の中から自分なりにヒントを見つけ出して自分なりに答えをつかみ取ってゆくことが多い。カウンセリングはお説教ではないのだから、こちらから具体的な方向性を指示することはしない。その点では、非指示カウンセリングの学派と違うわけではない。

さて、肝心の結論は、「 D しようと思います」という形で現れた。

あるいは、一度や二度の相談では、 D が現れないこともある。しかし、カウンセラーは焦ってはならない。生徒が再び訪ねてくれば、さらに新しい展開が期待できるし、訪ねてこなくても、私どもは特定の学校のカウンセラーなのだから、次に廊下などで会ったとき、ちょっと声を掛けて、「どうした？」と聞くことができる。こちらから、答えを教えるのではなく、自分から答えが出せるように、お手伝いをするのがカウンセラーなのだ。

なお、答えが出れば、もうカウンセラーに用はない。私も深入りをしない。

ところで、先の「一（3）のある人」の質問、または叱責に対する私の答えは、

「こうして、C の部分だけが『堪忍袋』の「福寿草の話」の文章になりました。しかし、C の中にさえ守秘義務に関することがあるので、それも一般化させて書きました。話の主旨は、『ひょっとしたら、人間の中にも福寿草のように半日陰を好む人がいるのではないか』ということなんですが、いつでもこのワンパターンによるのではありません。バリエーションはいくつかあるんです。だけど、それらをすべて、種明かしすることはできません。どうか、このくらいでご勘弁ください」となる。

（注）『堪忍袋　人は何のために生きるのか』文芸社　巻第五　第一話参照。

四　（3）「教育相談の広報紙の理論」

私は、この『堪忍袋』を書くに当たって、生徒または保護者からの相談に関する話を書くときは、それを自分または白分の周辺の人々のことに振り替えることによって、何とか守秘義務の問

題を回避してきた。しかし、私には是非とも書いておきたいと思っているテーマがある。例えば、「四（1）」の事例のような話である。もっと詳しく書かなければ、本当の問題は、見えてこないはずである。その話を書くために、例によって誰かほかの人に振り替えることはできないかものと、随分考えてみたが、適当な人または物が見付からず、もうこうなったら、どうしても生徒およびその保護者にも登場してもらわなければならないと覚悟は決めた。覚悟は決めたものの、それなら、なおのこと、守秘義務の問題をクリアーしなければならないのである。

しかし、その時、私が彼に宛てて書いた手紙の内容は、すべて自分の悩みなのだとして、彼を一切登場させないで書くならば、守秘義務は簡単にクリアー出来る。一種の翻訳である。そうすると、また、「それは事例報告ではない。お前の趣味の随筆か私小説に過ぎない」と言われるに違いない。しかし、私にとっては、これこそが、私の「手紙療法」の方法による原点だったのである。

私は、この方法を名案だと思う。そう思ったので、『堪忍袋』をあちらこちらに送って、披露した。この種のものは、今後とも、大いに進められてよいと思っている。今までも『堪忍袋』を読んでくれた未知の人から、お手紙をいただくこともあったし、また、似たようなものが発行されているという情報もいただいた。そういう点で、「教育相談の広報紙の理論」を構築しておくのは、私の責任だと思う。

五　(1) フグの毒

ここまで書いてきて、むかし、歌舞伎の八代目・坂東三津五郎さんが、京都南座で『お吟さま』の公演中に、フグ中毒のために亡くなったという話を思い出した。

(昭和五〇年一月一六日)

その時は、フグは専門の料理人が料理すれば、決して当たることはないと聞いていたので、大方素人の料理を食べて死んだのだろう。フグの毒が危険なことを知らないなんて、何て馬鹿な人だと思った。ところが、その新聞記事の脇に解説があって、食通には、当たるか当たらないかのぎりぎりのところで料理して、少しくらい身体がビリビリっとするくらいの快感がたまらなくよいのだ。彼は、これまでにも、そういうフグの料理、実際には、「白子」だったようだが、それを好んで食べていたと書いてあった。へえ、そうだったのか。それで「ふぐは食いたし命は惜しし」というのか、と妙なことを感心してしまったのであった。

五　(2) 食通はすれすれを好む

最近、妙にこの話を思い出す。

「ふぐは食いたし命は惜しし」ということばは、教育相談の広報活動のむずかしさと関わりがあるのではないかと、思われてならないからである。

因に、『日本国語大辞典』には、「美味な河豚は食いたいが、毒にあたるのが恐ろしい。転じて、快楽を得たいのは山々だが、後のたたりを思うと、手が出ない意」と書いてあって、「美味な河豚」がどのように美味なのかについては、残念ながら触れられていなかった。

「フグの料理は美味かどうか」と聞かれたら、恐らく私は返事に窮し、心の中では、もしかしたら、もっと美味な料理があるんじゃないと言いたくなるくらい、味があるのかないのか分からないほど、さっぱりした味だったから、不思議に思っていたのだが、フグはやはり、坂東三五郎さんのように、身体がビリビリするような白子に手を出さない限り、フグの味を知っているとは言えないのだろうか。もっとも、あの事件の後も、そういう料理が食べられるのかどうか、私は知らない。

フグの白子と同じように、教育相談にとっての広報活動も、「守秘義務違反」という猛毒に手を出さないうちは、本当の味を知ったことにはならないのだろうか。

しかし、下手に手を出したら、それこそ、死に至る。

私は食通ではない。それと同じように、守秘義務違反すれすれの専門家でもない。

私は、例えば、誰が食べても安全で健康的な家庭料理のような、そういう広報紙を目指したいと思う。

それが、私の「手紙療法」の方法である。

六　自伝を書く

ここまで、私は、「どう書くか」ということだけを記述してきた。しかし、本当は、「何を書くか」についても触れなければならない。しかし、ここには、結論だけを記してお許しを乞いたいと思う。それは、「自伝を書く」ということである。それも、私が書くのが目的ではない。読者一人一人が自伝を書くようになることを願って、私のものは、一つのサンプルになってくれればいいと思い、私は、私の「自伝」の記述の方法を試みているのである。自伝は、最近流行の言葉で言うと、「自分史」ということになるのであろうか。

古来、学問の基本は、「汝自身を知れ」という。それが出来れば、多くの問題は、解決すると言われている。

自伝をどう書いたらいいか、ということも重要である。しかし、ここでは、自慢話だけは決して書いてはいけないということだけを書いて、終わりにしたい。

どうか、賢明なる読者の皆様も、ぜひとも試みられよ。

（おしまい）

【初出誌】

『研究報告』第二〇号　静岡県立浜松南高等学校　一九九九年三月（平成一一年）発行

巻第六　読み分け理論

はじめに

まるで絡み合った糸のように、複雑微妙に入り組んで、何が書いてあるのか分からない文がある。こういう文を解きほぐす手立てはないものか。せめてその糸口だけでもよいから、見つける方法はないものか。

私は、取り敢えず専門書を読み漁って、参考になることが書いてないかどうか、と探してみたが、専門家は、単純な構造の文の場合は、非常に丁寧に記述するが、複雑な構造の文になると、触れようともしない。

文節文法の橋本進吉、入れ子型の時枝誠記、展開図の森岡健二、読解文法の松尾捨次郎と読み進んできて、方向性は見つかった。即ち、自分の分からないことは自分で解決せよ、と言っているように思われて、それはそうだな、と納得するしかなかった。その頃から三十数年が経過した。

私の研究は、自分の目を通ったすべての文章が資料になる。文字通りの試行錯誤の連続であった。しかし、停年退職を機会に、たとえ、中途半端な研究でも、もしかしたら、誰かのお役に立つのかもしれないと思い始め、それなら、と報告書を作成する決心がついた。

これを題して、「読み分け理論」と言う。「読解と作文」のための文法論である。

第一部　分析の手順

次に、私の研究の方法について簡単に記述する。

私は、目の前にある現実の文だけを相手にする。無理やり作文をして証明の資料とするようなことはしない。目の前の、複雑に絡み合った文を、単純な文に変換するための分析の手順はないかと模索する。

その結果、私は、四種八類の分類を立てた。その中に、すべての文を配置する。

もしも、更に細分化の必要が生じた時は、四種八類に下位分類を設定し、八類を九類、十類というように、数を増やしてゆくことはしない。増やし始めたら、切りがないからである。棚の中にきれいに配置することが重要である。

第1種　並列　第1類　連用形中止法

並列の表現は、鉄道の複線、複々線のようなもの。それを単線化するための手順である。連用形中止法の用例は、『徒然草』第七段の「かげろふの夕べを待ち、夏の蟬の春秋を知らぬもあるぞかし。」の例文がよく知られ、「待たず」「知らず」という具合に並列になっているんだよ。「待っている」のではないからね、と言われるものである。

理屈上、これと同じような例文を、『日本国憲法』から引用する。

例文A

何人も、自己に不利益な唯一の証拠が本人の自白である場合には、有罪とされ、又は刑罰を科せられない。（第三十八条第三項）

前の傍線部「有罪とされ、」が、後ろの傍線部の未然形「刑罰を科せられ」と並列し、次の否定（「打消」とも言う）の助動詞「ない」に係ってゆき、「有罪とされない」となる。

例文B

何人も、法律の定める手続きによらなければ、その生命若しくは自由を奪はれ、又はその他の刑罰を科せられない。（第三十一条）

これも「奪はれ、」が未然形「科せられ」と並列し、次の「ない」に係ってゆき、「奪はれない」となる。

次も『日本国憲法』からの引用である。但し、後ろの傍線部の語は、未然形ではあるけれども、二重否定なので、純粋の否定の例とは言いがたい。

例文C

両議院は、各々その会議の記録を保存し、秘密会の記録の中で特に秘密を要すると認められるもの以外は、これを公表し、且つ一般に頒布しなければならない。（第五十七条）

これも、「保存し、」「公表し、」が「頒布し」と並列し、「保存しなければならない」「公表しなければならない」となる。

例文D

何人も、理由を直ちに告げられ、且つ、直ちに弁護人に依頼する権利を与えられなければ、抑留又は拘禁されない。…（第三十四条）

これも、二重否定に準ずると考えてよい。前の「告げられ、」が後ろの「与えられ」と並列し、「告げられなければ…（なら）ない」となる。

次も『日本国憲法』からの引用である。後ろの並列の語は連用形。意味は否定。

例文E

信教の自由は、何人に対してもこれを保障する。いかなる宗教団体も、国から特権を受け、又は政治上の権力を行使してはならない。（第二十条第一項）

これも「受け、」が「行使し」と並列し、「受けてはならない。」となる。

ここでは、「かげろふの夕べを待ち、」と同じような用例を探すのが目的ではない。そうではなくて、一つの文の中に、「受けてはならない。」と「行使してはならない。」という二つの情報が含まれているので、その二つをきちんとチェックして、読み進めてゆくのが、この種の文を読み解いてゆく時の秘訣なのだということを言いたいのである。

なお、連用形中止法は、いつも否定とセットになって使われているわけではなく、否定とのセットは、むしろ少ないのである。

もう一つ、最も一般的な連体形との並列の例を引用して、この項を終りとしたい。

例文F

何人も、現行犯として逮捕される場合を除いては、権限を有する司法官憲が発し、且つ理由となつてゐる犯罪を明示する令状によらなければ、逮捕されない。（第三十三条）

「発し、」が「明示する」と並列し、「令状」に係ってゆくということをチェックすることが肝要である。

但し、連用形中止法と接続助詞テを伴った連用修飾語とが、どのように違うのかということになると、作家の書き癖の問題もあって、一概には言えないところがある。

第1種　並列　第2類　名詞の言い換え

名詞または名詞句は、並列している語句の長さが両者とも同一だとは限らない。前の語句に対して、言い換えたり、補足したり、挿入句にしたりした場合は、どうしても長くなるからである。

例文G

そのときぼくは、フランスの文化は、一種の思想的、総合的文化で、その周辺にある、イタリア・スペイン・フランドル等の文化はもっと激しい感覚的色彩の強いもので、われわれの直接の感覚に深く訴えるものを持っていると考えていた。（森有正『バビロンの流れのほとりにて』）

《注》「色彩」は、「傾向」にした方が分かりやすいかもしれない。

例文H

しかしいま一番ぼくの心をうつのは、このような考えは同じなのに、それに対するぼく自体の態度の相違、さらに端的に言うとぼくそのものがどんなに変化したかということである。（森有正『バビロン…』）

《注》「このような考え」「それ」は、例文Gで考えたことを指し示す。

第2種　名詞句　第3類　連体修飾語

谷崎潤一郎の『文章読本』の「簡潔な調子」の項に、志賀直哉の「城の崎にて」を文章のお手本として説明した所がある。

例文I

他の蜂が皆巣に入って仕舞った日暮、冷たい瓦の上に一つ残った死骸を見る事は淋しかった。

（志賀直哉「城の崎にて」）

谷崎は「初心の者にはなかなかこうは引き締められない。」とし、自分の作成した例文を示して、

例文J

「日が暮れると、他の蜂は皆巣に入って仕舞って、その死骸だけが冷たい瓦の上に一

つ残って居たが、それを見ると淋しかった。
と言う風になりたがる。それをもうこれ以上圧縮出来ないと言う所まで引き締めて、ようやく前のようなセンテンスになるのであります。」と言う。

（谷崎潤一郎『文章読本』一一三頁）

私は、初め、この二つの例文を見比べて、その違いが、理解できなかった。そこで、部分に分解することにした。

例文Ⅰ　a他の蜂が皆巣に入って仕舞った　b日暮、c冷たい瓦の上に一つ残った　d死骸を　e見る事は　f淋しかった。

例文Ｊ　b日が暮れると、　a他の蜂は皆巣に入って仕舞って、dその死骸だけが　c冷たい瓦の上に一つ残って居たが、　dそれを　e見ると　f淋しかった。

この二つを見比べると、情報の量は違わないのに、組み立ては全く違うことが分かった。
例文Ⅰのaとbの順が、例文Ｊでは、baの順になっている。
例文Ⅰのcとdの順が、例文Ｊでは、dcdとなって、dが二度、現れる。
eとfの順序は同じだが、言い回しが少し違う。

これは、どういうことなのか。例文Ⅰは、aとcとが、それぞれbとdに対する「連体修飾語」となって、文の要素を上へ上へと積み上げてゆく。それに対して、例文Jは、例文Ⅰの文を簡単な主語述語だけの文に分解し、それを接続助詞によって連結していくものであった。

連体修飾語を、このように上へ上へと積み上げてゆくのが、「圧縮した文章」とか「引き締まった」文章とかいうものなのであろうか。連体修飾語とは、単なる文法の知識ではなかったのである。

第2種　名詞句　第4類　名詞句

文を分析する時の早道は、骨組みだけを残して、皮や肉のような修飾語は一時的に、伏せ字にしてしまうことである。後で、復活させることもあるので、墨で塗りつぶしてしまうよりは、マーカーで色塗りにしておくくらいの方が実用的である。

その作業をしていて気がついたことは、形式名詞「こと」「もの」や準体助詞「の」は、形式だけがあって、中味がないので、連体修飾語を、伏せ字にすることができない。そこで、「名詞句」を立てる必要が生れた。因に、疑問文は、名詞句として扱うことができる。

しかし、文末の「のだ」「のである」の「の」は、準体助詞とは、違うようである。「ようだ」「そうだ」の「よう」「そう」と同じく、もとは、形式名詞だったものが、助動詞に変化したもののようで、「のだ」は「説明の助動詞」とするのが自然のように思われた。

第３種　強調と省略　第５類　強調

強調表現として、係助詞「は」を取り上げたい。そういう時、一般的には、格助詞「が」と比較をすることが多い。

例文K

母が病気で死ぬ二三日前、台所で宙返りをしてへっついの角で肋骨を撲って大いに痛かった。

（夏目漱石『坊ちゃん』）

問①　傍線部「が」を「は」に変えたら、「台所で宙返りをし」たのは誰か。
問②　あなたは、なぜ、そのように答えたのか、説明せよ。
《注》参考文献　私はこの例文を　三上章著『象は鼻が長い』一一五頁（くろしお出版）によって知った。そこには田中章夫（講座「解釈文法」7）からの引用だと記されている。

例文L

私が縄梯子につかまろうとして振り返った時、踊子はさようならを言おうとしたが、それもよして、もう一ぺんただうなずいて見せた。

（川端康成『伊豆の踊子』）

問③ 傍線部「が」と「は」を入れ替えたら、縄梯子につかまろうとしたのは誰か。
問④ 傍線部「が」と「は」を入れ替えたら、うなずいたのは誰か。
問⑤ なぜ、別の解答が生れたのか、説明せよ。

答① 母。
答② 「母が」は「病気で死ぬ二三日前」までにしか係からない。それに対して、「母は」の場合は、「宙返りをし」「肋骨を撲って」「痛かった（ようだ）。」にまで続く。
答③ 「私」だけでなく、「踊子」という解答も可能である。
答④ 私。
答⑤ 「が」の係る範囲が限定されているのに対し、「は」の係る範囲は、その文全体に及ぶから。

第3種　強調と省略　第6類　省略

私どもが言語表現をする時、自分の気持ちのほんの一部分だけを言葉に直すのであって、決して全部を言い尽くすことはない。

次の「まど・みちおさん」のうた「ぞうさん」を見てほしい。

例文M

ぞうさん
ぞうさん
おはながながいのね
そうよ　かあさんもながいのよ

（坂田寛夫『まどさんのうた』童話屋九六頁）

うたの意味は、「かあさんも【おはなが】ながいのよ」であって、「かあさんも」の次に省略されている言葉が、「【へびのように】ながいのよ」だとは誰も思わない。ただ単に長い動物と言ったら、へびではないか、と思う人が多いはずなのに、このうたを聞いて、そう思う人はいないだろうと思う。

同じような用例が松尾芭蕉の「笈の小文」の中にある。

例文N

吉野にて桜見せうぞ檜笠《ひのきがさ》　芭蕉

吉野にて我も見せうぞ檜笠《ひのきがさ》　万菊丸

万菊丸は、「我も【桜を】見せうぞ」と言いたいのであるが、そのように全部を言い尽くしてしまわないところが面白い。これが、言語表現の基本らしい。

第4種　語順の流動性　第7類　語順の流動性

日本語は、語順によって「文の意味」が決まる諸言語と異なり、付属語の付き方によって「文の意味」が決まる。そのためであろうか、語順の方は極めて流動的である。しかし、全く自由かというと、そうとは言えなくて、論理的表現は、ある程度、順序が決まっている。しかし、修辞的な面は、かなり流動的である。

例えば、「イツ、ドコデ、ダレガ、ナニヲシタカ。」において、どちらかといえば、傍線部は流動的な部分であり、囲み部分は固定的な部分である。しかし、文の構造の全体像から眺めていると、この程度の流動性なら、安定していると言ってもいいのではないか。

第４種　語順の流動性　第８類　主語

いや、そこまで、拡大解釈をしていいなら、語順に流動的なものなんてあるのかという疑問を持たれる方がいられると思う。実は、もっと流動的なものがある。人々によく知られているのは、副詞であろうと思う。しかし、それよりも自由自在、まさに神出鬼没なのは、所謂「主語」と言われるものの中の「私は」という一人称の代名詞である。昔、文節の切れ目を探すのに、「ネを入れてごらん。ネが入るところが文節の切れ目だよ」と教わったことがある。その「ネ」と同じくらい、一人称の代名詞「私は」の語順は自由である。

更に不思議なのは、「そうだ」「ようだ」「らしい」という推量の助動詞が、その助動詞の中に、「私」を呑み込んでしまっていることだ。なぜなら、「そうだ」は「そのように私は聞いた」という意味だし、「ようだ」や「らしい」は「そのように私には見える」とか「そのように私には思われる」とかいう意味になるからである。

例文Ｏ　河津の工場主の息子で入学準備に東京へ行くのだったから、一高の制帽をかぶっている私に好意を感じたらしかった。

（川端康成『伊豆の踊子』）

「私に好意を感じた」のは、「私」ではなく、「工場主の息子」で、「らしかった」と思ったのは「私」なのだから、「感じたらしかった」は「感じたように私には思われた」の意味になる。ところで、この「感じたらしかった」を一文節とするのが文節文法である。しかし、そのように考えている間は、日本語をその実態に即して研究する、ということはできない。

第二部　基本文型

第一部のような分析の手順を経て、現実に使用されている文の構造を分類して、これも四種八類の基本文型を立てる。私は、ここでも、種類は増やさない。種類の数を増やすよりは、必要なら、種類の中を更に細分化してゆく方が現実的だと思うからである。

第1種　描写　第1類　物語の文型

イツ、ドコデ、ダレガ、ナニヲシタカ。
ソウシテ、ドウナッタカ。

誰でも知っている最も基本的な文型である。しかし、元々、文型の全体像を知ろうとして始めた研究だから、これを省略するわけにはいかない。

例文P

徒然なるままに、【ナゼ　】
日暮らし、【イツ　】
硯に向かひて、【ドコデ】
（　　）【ダレガ】
心にうつりゆくよしなしごとを【ナニヲ】
そこはかとなく書きつくれ【シタカ】
ば、【ソウシテ】
あやしうこそものぐるほしけれ。【ドウナッタカ】

（『徒然草』序段）

迷い迷いして、「徒然なるままに」の下に、【ナゼ】を入れた。ここは、「ので」と訳してはいけない、「所在ないのにまかせて」と訳すんだよ、というところなので、【ナゼ】を入れるのは、ためらいがあるけれど、やはり「ナゼ」がある方が分かりやすい。

若い頃、HRの生徒たちと一緒に8㎜映画を作った。その後で、もしもその続きを作るとしたら、どうしたらいいかを考えた。テレビドラマの最長不倒記録更新中の「水戸黄門」だと、荒筋と登場人物がワンパターン。違うのは、舞台とゲスト（悪代官や悪徳商人たち）だけである。山田洋次監督の「寅さんシリーズ」では、悪代官の代わりにマドンナが登場する。SFなら、時代と舞台が変わる。

要するに、キャラクターが決まれば、後は何とかなるものらしい。

第1種　描写　第2類　存在文の文型

■ドコ［ニ］、ナニ［ガ］、アルカ。

■ドコ（ノ上／ノ中／ノ下／ノ前／ノ後／ノ右／ノ左）［ニ］、ナニ［ガ］、アル（イル／イナイ／多イ／少ナイ／見エル）カ。

■ナニ［ヲ］持ツカ。

■ナニ［ガ］（ハ）、ドコ［ニ（ハ）］、アルカ。

この文型は、一見単純そうに見えるが、実は曲者である。一般に、評論文と言われる入試現代文の教材では、この文型に、「ドノヨウニ」「ドノヨウナ」という修飾語が長々と続く。そのことを知らない受験生は、自分が今、何を読んでいるのか分からなくなって、頭の中が真っ白になった、という話をよく聞く。用心せよ。

例文Q　この絵（ニ）は、深い悲劇、人間的な苦しみの余地さえもない、虚《むな》しい、ただ荒れ狂う運命の寂寞《せきばく》が　ある　ばかりだ。

（森有正「バビロン…」）

例文R　会計士や財務の専門家のなかには、ここに示した定義に異議があるという人も　いる　かもしれないが、…。

（ロバート・キヨサキ『金持ち父さん貧乏父さん』九五頁）

二つとも、存在文の中に二つ目の存在文があるという用例。

第2種　比較対照　第3類　比較の文型

甲　ヨリモ　乙　（ノ方）ガ　ヨイ。

乙（ノ方）ガ　甲　ヨリモ　ヨイ。

「ヨイ」のところは、「ヨイ」でなくてもよいが、「ヨイ」の意味の場合が多い。そうして、形容詞・形容動詞が来ることが重要な条件。漢文の句法の「比較」と同じ。「ガ」は強意ではあるが、それでも、要するに、比較の一種だと考えた方がいい。

例文S　ほかのだれを変えるより、自分自身を変えることのほうがずっと簡単なんだ。

（キヨサキ『金持ち父さん…』五五頁）

例文T　たしかに私の方がきみのお父さんより稼いでいるけれど、きみのお父さんの方が【私よりも】税金をたくさん払っているんだよ。

（キヨサキ『金持ち父さん…』六一頁）

比較の文型は、学者の書いたものに多い。

第2種　比較対照　第4類　否定肯定の文型

甲　デハナクテ、乙　デアル。

甲　デハナクテ、丙　デモナイ。乙　デアル。

乙デアッテ、甲デハナイ。

甲と乙の配置は、甲の方が先にあって、乙の方が後にある場合が圧倒的に多い。このことは、比較の場合と全く同じ。また、この否定肯定・文型は、哲学者・評論家の書くものに多い。

例文U

そして、私たちは次第に、金持ち父さんがなぜ「学校は雇い主としてではなく、雇われる側の人間として優秀な人間を育てるための場所だ」と言ったのか、その理由を理解し始めた。

（キヨサキ『金持ち父さん…』一〇八頁）

なお、第1種第1類の文型からこの第2種第4類までの4種類の文型を分析することができると、入試現代文の読解や入試小論文の学習の場合には、強い味方になってくれるはずである。

第3種　限定と添加　第5類　限定

タダ甲ダケダ。

限定の例文は、芥川龍之介の『侏儒の言葉』の中の「批評学」が、最も分かりやすいものだろうと思う。文法書の説明などは足下にも及ばない。

全文を引用すると、長過ぎるので、概略を記す。

博士に化けた悪魔のメフィストフェレスが、ある大学の講壇で批評学の講義をする。その講義の中で「半肯定論法」を論じて、曰く、「…或作品の芸術的価値を半ば肯定する論法であります。しかし、その『半ば』なるものは『より悪い半ば』でなければなりません。…」と言い、この『より悪い半ば』を肯定することによって、「…或小説や戯曲を貶《けな》す…」という、残酷な批評の論法を伝授する。最後に、「来週までに佐佐木氏の作品へ『半肯定論法』を加えて来て下さい。」と課題を出す。その時の最高点の解答例。

例文V　「正に器用には書いている。が、畢竟《ひっきょう》それだけだ。」

第3種　限定と添加　第6類　添加

甲 ダケデハナクテ、 乙 デアル。

甲 ト同ジクライ、 乙 デアル。

限定とは、半肯定、即ち広義の否定であった。その限定を否定すると、あたかも二重否定と同じように、肯定の一種になる。但し、単純な肯定ではないので、これを、「添加」と名付けるものとする。

例文W

檜のような、いつ見ても同じような姿をしている木を、秋に見ただけではすませられずに、夏もまた見ようという気を起こすのは、植物を丁寧に見ようとする心がけからというより、家事業で身につけた経験から出てくる、いわば要心みたいなものである。

（幸田文「ひのき」）

例文X

お金がなくてもいいと考えるのは、お金にとらわれているのと同じくらい異常なことだ。

（キヨサキ『金持ち父さん…』七一頁）

第４種　条件文　第７類　仮定条件

仮定条件の表現は、口常会話によく現れる。しかし、それが誤解を生み、トラブルの原因となることが少なくない。要注意文型。

例文Y　金田一春彦の随筆『けやき横丁…』で、その父金田一京助の思い出話として、「戦争末期、父京助のいない時に、家族でひそひそと、『もしも日本が戦争に負けたら、…』と話していると、父は必ずどこかから姿を現わして、怒り出す。」という話を書き、「父には仮定の話が通じなかった。」と付け加えている。

《注》参考文献が現在、行方不明。他の例文との差し替えも考えたが、それも勿体ないので、記憶だけでこれを記した。

第4種　条件文　第8類　挿入句

佐伯梅友に「はさみこみ」という、全文三十一頁の論文がある。これを読んだ時、私は、国語学の論文に、こんなに素晴らしいものがあったのかと感動した。できれば、私もこういう研究をしてみたいと思った。「はさみこみ」は、広義の「注釈」だと判断して、ここに分類することにした。そういう事情で、この項目については、私の研究は、今しばらく空欄のままにしておく。

この項目を、「はさみこみ」としてもよいのだが、一般には、「挿入句」という言葉ですでに馴染んでいるので、それを用いた。この構文は、一見、複雑にも思われるけれども、実は、これがあると、味わいが出るという点で、好ましいものである。

《注》佐伯梅友『上代国語法研究』大東文化大学東洋研究所刊

おわりに

第一部四種八類、第二部四種八類、都合十六種類について、文型とその分析法の記述をした。本来なら、一種類につき、一本ずつの論文を書くべきである。従って、舌足らずで、独善的で、おまけに学校文法と異なるではないかという非難は甘受するしかない。連用形中止法だけについて、詳しく記述した方がよいのかもしれないと何度も考えた。しかし、また一本だけでは、かえって分かりにくい場合もあるので、今回は粗雑になるのを承知で、全体像を示したいと思った。

私はもう、歳だから、何時まで生きられるか分からない。後日、誰か、この仕事を引き継いでくれる人が現われるのを期待している。

次に、《付けたり》を記しておく。

① 例文の出典は、その都度、記した。

② 国語学者のお名前は、すべて敬称を省略した。お許しを乞う。
③ 参考文献は、余りにも煩雑になるので、省略した。

（おしまい）

【初出誌】
『平成十三年度会報』西国研　平成十三年三月（二〇〇一年）発行

あとがき

昭和三十八年から三十八年間の私の教員生活の、言わば、「卒業論文」あるいは「遺書」のようなものである。

巻第一　私の国語教室

私の国語の授業を振り返って、その概略を記したものである。『研究報告第十八号』所収「国語の授業はいかにあるべきか」静岡県立浜松南高等学校　一九九五年三月（平成七年三月）

巻第二　鶴脛とは何か

松尾芭蕉の『奥の細道』の中に出てくる「鶴脛」という単語について、その意味をどう定めたらよいかを考察をしたものである。『平成一〇年度会報』西国研　所収「鶴脛とは何か―我が国語教育の原点を求めて―」平成一〇年三月

巻第三　棺桶のはなし

棺桶という言葉と棺桶という実物とのずれについて考察したものである。静岡県立富士高校『富嶽論叢　第九号』

巻第四　殺しのバラード

高校の文化祭参加作品としての、８㎜映画の制作過程を記録したものである。８㎜映画は、当時としては最新技術であったけれど、現代では、忘れ去られてしまった存在なので、発表はやめようと何度思ったかしれない。しかし、時代を越えた会話のやり取りが、一種の集団カウンセリングの実習場のようにも思われ、これはこれで、無意味なものとは限らないと思い直し、ここに記載することにした。

「堪忍袋　巻第五　殺しのバラード」所収　平成二十二年十一月三十日発行

巻第五　教育相談にとって広報活動はいかにあるべきか

教育相談という任務が、同僚の教職員の間にさえ簡単には認知されず、まるで座敷牢のような一室に閉じ込められ、悶々とした日々を送る教育相談担当者の訴えをここに記し、広くその任務の実態を知ってもらうのが目的である。『研究報告第二〇号』静岡県立浜松南高等学校　一九九九

年三月（平成十一年）発行

なお、ここに記したものは理論であって、これとは別に、実際の広報紙を編集し直して、『堪忍袋　人は何のために生きるのか』と題し、文芸社から出版した。もしも、併せて、お読みいただけるなら、嬉しく思う。

巻第六　読み分け理論

この研究が、私の本職である。教員生活の大半、ほぼ三〇年間にわたって、心血を注いで研究してきたテーマである。しかし、到底、完成はしない。私は、大学では方言文法の研究に興味を持った。文法は、覚えるものではなくて、作るものだというのが、その基本的な考え方であった。

しかし、学校現場では、バドミントン部の顧問を任され、盆も正月もなく、練習に励み、全国大会を目指した。そのために方言採集に出掛けるどころではなく、やむを得ず、たった一人で出来る「文の構造の研究」に方向転換をした。しかし、このテーマは、あまりにも問題が大き過ぎて、容易に解決をしない。いや、このテーマは初めから成果を期待してはいけない難題であった。しかし、素人が研究を楽しむには、ちょうどよいテーマであったと思っている。「文法理論」の分野である。

『平成十三年度会報』西国研　平成十三年三月（二〇〇一年）発行

著者略歴

富田　直次郎（とみだ・なおじろう）

1941年（昭和16年）1月　静岡県浜松市に生まれる。
1959年（昭和34年）3月　静岡県立浜松西高等字校卒業
1963年（昭和38年）3月　國學院大學文学部文学科卒業
1963年（昭和38年）4月　静岡県立磐田北高等学校赴任
1966年（昭和41年）4月　静岡県立磐田南高等学校赴任
1977年（昭和52年）4月　船橋市立船橋高等学校赴任
1985年（昭和60年）9月　静岡県立富士高等学校赴任
1986年（昭和61年）4月　静岡県立浜北西高等学校赴任
1993年（平成5年）4月　静岡県立浜松南高等学校赴任
1997年（平成9年）12月　蒲神明宮（かばしんめいぐう）宮司就任

著者略歴

2000年（平成12年）10月　蒲神明宮式年遷宮斎行
2001年（平成13年）3月　静岡県立浜松南高等学校停年退職
2001年（平成13年）4月　蒲神明宮にて専任の神職として奉職。
現在、兼務の神社は、17社
静岡県教育関係神職協議会会長
SBS学苑「神道入門」講座講師
中ノ町第3土地改良区理事長

堪忍袋　第二集
読み分け理論の巻

2023年2月3日発行　　著　者　富田直次郎
発行者　向田翔一

発行所　株式会社22世紀アート
〒103-0007
東京都中央区日本橋浜町 3-23-1-5F
電話　03-5941-9774
Email: info@22art.net　ホームページ：www.22art.net

発売元　株式会社日興企画
〒104-0032
東京都中央区八丁堀 4-11-10 第2SSビル 6F
電話　03-6262-8127
Email: support@nikko-kikaku.com
ホームページ：https://nikko-kikaku.com/

印刷
製本　株式会社 PUBFUN

ISBN：978-4-88877-148-1